我愛日本購物
失心瘋

目錄頁

新書作者序

**我終於又完成一本連自己都期待好久的書，
請先給我點掌聲！**

出書真的不是一件容易的事，尤其是一本需要圖文並茂、既美觀又實用的書，書裡的每張照片都是長久以來的累積、需要前往日本旅遊多次才能取得的素材，而書中的每段文字，更是實際走訪每間店家、逛遍數十次以上才能有的經驗分享！

過去這 8 年來，經營「日本藥妝失心瘋俱樂部」粉絲頁的日子裡，我收到粉絲們各式各樣大大小小的問題，多數有關購物的提問，我都能一一給予答覆，唯獨對日本店家的認識和介紹，真的就不是三言兩語可以馬上回答得了⋯⋯

（例如：粉絲問我，商品在日本哪裡可以買到？我回答：PLAZA 之類的美妝店。然後對方就會接著問：什麼是 PLAZA ？）

我也不知道自己哪來的使命感，總覺得既然時常在介紹購物，就應該讓大家對日本的店家有更多的認識，幫助大家更清楚的了解，什麼樣的商品應該去什麼店家購買，日本的百貨公司和商業設施其實是兩種不同的運作方式，連退稅方法也不同⋯⋯等等，相信這些日本相關的購物概念一旦建立起來，未來大家都能買得更順手，也可以更了解日本消費市場的購物規則。

這本新書有別以往我出版過的旅遊書，是以「購物」為主軸，並把章節切分為各種購物習慣，和不同消費族群感興趣的內容，以這樣的方式，為大家介紹日本各種類型的店鋪，並把各家的重點特色列出，幫助大家能夠更了解日本各種店鋪的概念，以及各家獨有的購物優惠，節省多餘的閒晃時間，讓你們買東西買得更精準，省時間也省體力！預祝你們買得更開心！

購物指南

雖然都同樣位在亞洲，雖然生活方式和消費習慣非常類似，但其實日本很多店鋪的經營形式，和我們想像的完全不同，這些不同之處，如果能夠先瞭解清楚，對於實際上購物、找商品、辦退稅……等等都會有很多幫助，所以這次希望在本書開始前，先針對日本的店鋪做些介紹，讓大家能有更深一層的認識。

百貨公司

商業設施

百貨公司 VS 商業設施　　退稅服務大不同

在台灣大家熟悉的是百貨公司，印象中只要是一整棟建築裡都是賣東西的櫃位，那就叫百貨公司。但在日本不同！日本的購物建築分為兩種：「**百貨公司**」及「**商業設施**」。日本的百貨公司就是我們熟悉的百貨公司形式，一整棟以一家百貨為單位，像是我常逛的「伊勢丹」、「0101」、「大丸百貨」、「高島屋」等，都是所謂的百貨公司；而商業設施則指由多家店鋪共同結合在一個場所的類型，稱之為「商業設施」，比較常見的像是「Lumine」、「東急 PLAZA」、「Lalaport」、「NEWoMan」等都是。

重點來了！這兩種類型的商場最大不同之處，就在於「退稅方式」！

百貨公司是由百貨本身統一辦理、商業設施則是由各店鋪分別辦理，這就是為什麼，有時候我們在日本購物會遇到有些商場能夠合併一起退稅，而有些則是需要在各店鋪分開辦理的原因。有沒有解開了你放在心中好久的疑問？ ^^

藥妝店、美妝店大不同　　為什麼總是找不到想要的東西？

在粉絲頁上最常被大家問的前三名之一就是：「為什麼我去藥妝店找不到 XX 商品？」關於這問題，原因可能有很多，但我唯一能幫上忙的就是**「你可能找錯店了！」**

「什麼是藥妝店？」

販售藥品、開架保養品及彩妝、專櫃保養品及彩妝。一定配有專業藥師駐店，以備有問題時可諮詢。部分藥妝店也會賣些零食餅乾飲料、小雜貨 …… 等。

（例：松本清、國民藥妝店、SUNDRUG）

「什麼是美妝店？」

販售大大小小的開架及專櫃美妝品牌，然後一定沒有賣藥品。很多美妝店還會兼賣雜貨小物，所以也可以稱作「美妝雜貨店」。美妝店賣的美妝品，有部分會跟藥妝店重疊，但也有很多是「美妝店限定」，跑去藥妝店就絕對找不到了。

（例：Plaza、Loft、Tokyu Hands、shop-in）

藥妝店

美妝店

台灣也漸漸流行的選物店　　奇怪，這家店怎麼賣衣服又賣雜貨？

日本非常流行挑選好物來販售的**「選物店（Select Shop）」**經營模式，這類選物店通常都有個主要的經營理念，然後以此概念挑選世界各地的好物來販售，而這些在選物店內販售的商品多是以「寄賣」的形式存在。日本有非常多中小型的品牌，就是以寄賣在這些店鋪的方式來經營，幾乎多數都沒有自家獨立的店面，想購買只能到這些店鋪選購。Vera 我介紹的商品就有很多是在這類店鋪發現的，所以有時候很難告訴大家這些商品哪裡有賣，因為這些品牌通常沒有正式的官網，或是就算有網站也很少會列出全部販售地點，想買真的只能碰運氣。（我也是）

超市、賣場也很不同　　規模不一樣，大小差很多

常常有很多人來問，為什麼我推薦的超市，有些還有賣衣服、雜貨和玩具文具等等，但又有些超市規模很小，只有賣生鮮及食品？其實這個應該滿容易理解的，因為台灣也是這樣，有分**超市**和**大賣場**。例如日本的 Ito Yokado 算是大型的購物賣場，裡面除了生鮮食品外，還會有很多日常用品、家居雜貨、嬰童用品等等，有點像台灣的家樂福、大潤發；而日本的生鮮超市如 life、maruetsu 這兩間就類似台灣的頂好、全聯只以生鮮食品和基本日常用品為主。

本書使用指南

為了方便大家更快速上手閱讀本書，我特別把這次書裡一些幫助大家使用更方便的小功能整理出來，希望大家閱讀完後，能夠逛得更開心、買得更愉快！

【店鋪資訊查詢快速】輕鬆一掃、即時查看

每間店鋪的主圖上有個 SCAN 的小框框，利用「COCOAR2」APP 掃一下，店鋪相關資訊馬上就能查到，有些我介紹過的店鋪，還能直接看介紹文唷！

什麼是「COCOAR2」APP？

這是一個呈現 AR 互動效果的 APP，只要在看到出現可以掃描的圖片時，把「COCOAR2」APP 打開來直接 SCAN 這張照片，就會立即跑出店鋪相關資訊囉！

【店鋪特色條列點出】更快熟悉每間店不同之處

就算是同類型的店鋪，也是每間都有自己獨有的特色！我把自己長久以來逛街的經驗直接分享出來，沒時間閱讀整段文字的話，快速看一下商店特色也可以。

商店特色 AWESOME

特色 1 開架美妝商品最多最齊全。

特色 2 美妝以外，文具、雜貨、小家電等也都提供很多選擇。

特色 3 重視男性消費市場，可以找到很多以男生為主打的保養品和雜貨。

made in JAPAN

【店鋪精選必買商品】不用想，買就對了！

必買商品

近幾年我最常回購的面膜之一，就是「早安面膜」。主打含有適合一早醒膚用的美容成分，起床後敷一片，清潔保養一次完成，是縮時保養好物。

以我閱商品無數的經驗，直接幫大家挑選出各家店最值得入手的必買商品，如果你真的很想買，但又不知道要買什麼，那跟著我買就對了！

【推薦分店更省時間】連地點都幫你找好了～

每間我介紹的店鋪，都至少被我逛過數十次以上，逛久了也累積很多心得，有些店雖然分店多，但好逛的分店就那幾間，這我一定直接告訴大家！

高質感風格概念店

推薦店鋪：
關東：東急PLAZA店
關西：京都丸井店
九州：福岡PARCO店

Chapter 1

又喜歡
愛美
如果你

追求
流行

類 × 別

- 美妝
- 藥妝
- 百貨公司
- 商業設施
- 服飾配件

LoFt 是我很愛的美妝雜貨店，裡頭除了很多生活雜貨之外，美妝品牌陣容很齊全，在藥店買不到的美妝品，來這裡幾乎都能找到到。LoFt 供應的雜貨，也是屬於時尚生活類，越是鮮有趣、五顏六色的雜貨，越能在這裡找到。它跟其它美妝雜貨店比起來，規模大很多，商品類跟數量，更是讓人眼花撩亂，LoFt 相對比較重視男性市場，男性相關美容保養品和生活貨都能在這發現很多～我個人很愛在這裡買開架美妝和特別的有機洗髮品，除此之外，文和生活雜貨用品我也常常在這裡購入。

商店特色 *AWESOME*

特色 1 開架美妝商品最多最齊全。

特色 2 美妝以外，文具、雜貨、小家電等也都提供很多選擇。

特色 3 重視男性消費市場，可以找到很多以男生為主打的保養品和雜貨。

tips

退稅規則

〔Lo〕Ft 並不是所有分店都可以退稅，目前只有池袋、吉祥〔寺〕、渋谷、立川、有樂町、橫濱、大宮、千葉、船橋、札〔幌〕、仙台、名古屋、阿倍野、梅田、LUCUA大阪、難波、〔神〕戶、京都、天神這些店鋪有提供退稅服務。

出示外國護照享95折優惠

〔Lo〕Ft 提供外國觀光客專屬優惠，只要出示護照，就可以直〔接〕打95折，然後還能再退稅，是非常棒的優惠。（不是每〔家〕LoFt 都有這種折扣，可以事先詢問店員）。

集點9折優惠

〔在〕LoFt 消費的收據，千萬別當廢紙扔了！只要消費超過日〔幣〕1000，收據上就會有集點條碼，下載它們的app就可以〔掃〕描集點，集6點可以兌換9折折價券。注意！條碼只有7〔天〕有效期，最好一拿到馬上掃描最安心。兌換的9折券只有〔一〕天效期，但當天可以不限次數使用，和朋友集中一起購〔買〕，省很大！

必買商品

這款Mocchi Skin是我近期試過最有彈力的一款泡沫潔顏！主打含有酵素、蜂蜜、潔顏泥三種成分，可以黏著吸附毛孔裡的髒污，洗完後毛孔超級乾淨的唷！

一站式購物
應有盡有

推薦店鋪：
關東：渋谷店
關西：梅田店
九州：天神店

Chapter 1

美妝

shop in 這間美妝店在東京並不常見，店鋪大多設立在百貨公司或商場內，並不是在路邊就會看到分店的獨立店鋪。不過這裡賣的商品也是主流市場中的品項，像是在 PLAZA 或 LoFt 熱銷的美妝品牌，在這裡幾乎都找得到。對於沒有空在街上逛美妝店的人來說，晃一下百貨內的 shop in 也會有不少收穫！

商店特色　AWESOME

特色 1 小型的美妝店，販售商品數量中等。

特色 2 大多藏身在百貨公司內，很適合逛街時順道逛一下。

推薦店鋪：
關東：池袋丸井店
關西：心齋橋OPA店

百貨商場內 店中店

SCAN

ITS' DEMO

ITS' DEMO 是我覺得最特別,也是必逛的日本美妝店,我只要有經過,就一定會進去巡一巡,來也通常都會是一大袋 XD 為什麼說最特別?因為他們常常會跟美妝品公司合作,推出只有 S' DEMO 限定販售的特別版可愛商品,而且還不是不知名的卡通人物,通常都是迪士尼或三麗鷗,這些絕對都是在其他美妝店買不到的!除了可愛的聯名商品,ITS' DEMO 販售的其商品也很豐富,有平價的服飾、配件,我也經常在這裡買到功能性不錯,又便宜好背的包包。

商店特色　AWESOME

特色1 小型的美妝店非常多和美妝品牌合作的可愛限定彩妝品,別的地方買不到。

特色2 除了美妝,服飾配件和雜貨也都販售女生喜愛的款式。

特色3 部分店鋪也有提供免稅服務,但消耗品和一般用品仍須分開計算。

必買商品
ITS' DEMO的獨家限定美妝品,不只和卡通人物聯名、包裝超級可愛,而且每樣都是和業界知名品牌合作,品質絕對有保障,推薦必買!

超多限定販售聯名商品

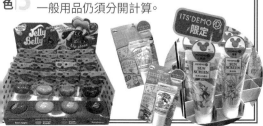

推薦店鋪:
關東:新宿MYLORD店、渋谷店
關西:大阪Whity梅田店
九州:天神地下街店

Chapter 1

美妝

必買商品

近幾年我最常回購的面膜之一，就是「早安面膜」。主打含有適合一早醒膚用的美容成分，起床後敷一片，清潔保養一次完成，是縮時保養好物。

PLAZA是絕對不能錯過的可愛雜貨及美妝連鎖店，不用擔心很難找，因為分店眾多，各個熱的購物區幾乎都有。雖然PLAZA販售的美妝品跟一般美妝店大同小異，但在雜貨的品項上多很多選擇，一些當紅卡通人物：Suzy's Zoo（梨花熊）、SNOOPY和BARBAPPA（泡泡先生），都有很多周邊商品在PLAZA獨家販售，喜歡卡通人物周邊的話一定要來逛！另外，PLAZA常跟卡通人物推出聯名商品，像是限定包裝的番茄醬、附贈放大鏡的餅乾、威力泡麵，也是一賣就引發大家熱烈討論呢！

商店特色 AWESOME

特色 1 美妝新品上架速度快。

特色 2 有許多可愛雜貨和小物，其中不少是PLAZA自行開發。

特色 3 分店眾多，算是非常容易沿路逛逛就遇到的美妝店。

獨家販售周邊商品

推薦店鋪：
關東：新宿LUMINE 2館
關西：難波CITY店
九州：天神SOLARIA PLAZA店

Chapter 1

hands be 是 Tokyu Hands 旗下以女性為主要消費群所打造出的風格概念店，提供了眾多女性生活中所需要的商品，並且都以高質感為基本要求，期望每樣商品都能創造出女性的美好日常。值得一提的是，為了因應近年來多肉植物備受女性歡迎，店內也設置一區專屬多肉植物的陳列，把多肉植物的造型變化成蛋糕、聖代等甜點樣式，非常有趣又可愛。

商店特色 AWESOME

特色1 店內商品以女性喜愛風格為主，適合女生來逛。

特色2 生活用品和家居雜貨都挑選可愛款式為主。

高質感風格概念店

推薦店鋪：
關東：東急PLAZA店
關西：京都丸井店
九州：福岡PARCO店

@cosme store

　　@cosme最早是從網路發跡，以網友評鑑出的各類美妝品排行榜闖出名號，由於非常受到日本網友歡迎，所以就從虛擬的網路走向實體店鋪，延伸出@cosme store美妝店。這裡不像PLAZA或LoFt還有生活雜貨可以逛，是紮紮實實只賣美妝品的店，專櫃跟開架的都有。販售的美妝品品牌眾多、品項豐富，加上店內有設立體驗櫃台，化妝棉、棉花棒、卸妝液……等都具備齊全，在這裡可以很盡情的試用。偷偷說：@cosme store有部分商品在一般藥妝店也能找到，這類商品建議在藥妝店買就好，價格通常比較有競爭力。

商店特色　AWESOME

特色1 完完全全的美妝店。

特色2 以官網上的網友口碑評價提供排行榜給大家參考。

特色3 試用專區提供齊全備品，非常歡迎前來試用。

> 其全美妝可盡情試用

推薦店鋪：
關東：新宿Lumine 2館、渋谷丸井店
關西：TSUTAYA EBISUBASHI店

Chapter 1

美妝

TOKYU HANDS在台灣也有分店，是一直維持高人氣的美妝雜貨百貨，我稱它為「百貨」是因為它的規模，以及販售的商品實在太多太廣，在東京的分店也幾乎都要占掉多樓層或甚至就是一整棟，以「店」來稱呼跟實際情況有些不符。而且日本的TOKYU HANDS涉獵範圍很廣，從美妝品、日常用品、居家雜貨、家電用品、戶外用品……等族繁不及備載，所以想要找一些實用的美妝保養品，或是雜貨類商品，當然不能錯過TOKYU HANDS。

※ 退稅規則

TOKYU HANDS不是每間分店都可以退稅喔！建議先上官網查詢，有標示TAX FREE的分店才能退稅。

商店特色　AWESOME

特色1 規模媲美百貨形式，經常可見一整棟的TOKYU HANDS。

特色2 美妝品以外，更多生活用品、雜貨、家電都能在這買到。

特色3 對我來說有如挖寶之地，很多其他地方找不到的東西這裡都會有。

必買商品

採用日本酒麴為主要美容保濕成分的「糀姬」，他們的商品我一直很愛用，從之前的敷膜到最近出的洗面乳和卸妝水都不錯用，很值得推薦！

百貨規模的美妝雜貨

推薦店鋪：

關東：新宿店、渋谷店

關西：心齋橋店

九州：博多店

這絕對可以算是我的愛店(之一 XD)，家裡好多有機類的保養品，都是在他們家購入的。Cosme Kitchen 的概念，是以美妝的廚房為出發，販售自然、有機、無添加的保養品，近幾年非常受到歡迎。市面上標榜天然有機的化妝品種類繁多，Cosme Kitchen 的選品，除了挑選採用安全原料的產品之外，也堅持選擇有機認證機構所認可的產品來販售，全面性追求環保與對環境友善。

商店特色 *AWESOME*

特色1 挑選天然有機保養品的首選店鋪。

特色2 除了日本品牌，也引進非常多歐美的有機保養品牌。

必買商品
日本流行的BROWN SUGAR 1st有機椰子油，100%天然無添加，是Cosme Kitchen熱賣的美容健康食品。

有機天然選品店

推薦店鋪：
關東：NEWoMan新宿店
關西：心齋橋OPA店
九州：福岡PARCO店

Chapter 1

美妝

SCAN

化粧品
健康食品
日用品
お菓子
お土産

薬

SHISEIDO
Kanebo
KOSE
SK-II
SOFINA

KoKuMiN

Tax-free
免税店
Our doors are open.
Welcome to Japan!
Japan.
Tax-free
Shop
热烈欢迎
歡迎您光臨日本!

コクミン

商店特色

AWESOME

特色 1 關西起家的老字號藥妝店。

特色 2 針對觀光客推出購物滿額加碼折扣優惠。

特色 3 不定期舉辦滿額送Hello Kitty 獨家贈品活動。

　國民是一間有 80 年歷史的資深藥妝店，因為是大阪起家，所以在關西地區的店鋪比關東多，但我也對他們完全不陌生，因為他們在東京部分地區的商品價格也很殺。在關西地區，我個人最喜歡逛的是北戎橋店，不只店鋪乾淨明亮，走道也寬敞舒適，而且各種商品品項都很齊全，在這間店，比較容易找到我推薦過的一些商品喔！北戎橋店雖然身在大阪的藥妝一級戰區，但貨架還是維持基本的乾淨整齊，整體空間也很明亮，所以逛起來很舒服。

　還有一點很特別，是國民不定時會舉辦滿額送 Hello Kitty 獨家贈品的活動，我看過浴巾、購物包等等，質感都很不錯，請一定要關注他們臉書粉絲頁。

關西起家
老牌彩粧店

推薦店鋪：
關東：Atre上野站店
關西：北戎橋店、梅田OPA店
九州：博多AMUEST店

Chapter 1

SCAN

ココカラファインは一間偏向生活類的藥妝雜
貨店，在這裡除了可以買到藥品、美妝品、日用
品之外，同時也可以找到零食、餅乾、糖果，就像
是住家隔壁的雜貨店一樣，也因為是比較居家
型的店鋪，所以這裡的東西時常會打折，假日更
容易有特價下殺的商品擺放在門口供人選購。
整體來說，商品價格不會是最便宜，就是普普通
通的程度。

商店特色
AWESOME

特色1　居家生活型的藥妝店。

特色2　週末假日容易有特價下殺商品出現。

推薦店鋪：
關東：吉祥寺南口店
關西：戎橋店
九州：福岡天神本店

居家型
藥粧雜貨

OS 是廣為人知、主打低價的藥妝店,商品主要以藥品跟日用品為主,印象中美妝類只有開架的保養品,幾乎沒有彩妝品。如果來到東京想買藥品,絕對必逛上野的 OS DRUG!雖然它不像一慶屋的部分藥品單項價格超殺,但絕對是整間店平均起來都普遍比較便宜的藥妝店。但就是因為這間店太紅了,時常擠滿觀光客人潮,所以其實我不是很愛逛這間店!雖然如此,但是它所提供相對低很多的商品價格,還是會讓我在大量採購藥品時,不得不來一趟啊(攤手)。

商店特色 AWESOME

特色 1 販售品項不多,完全以低價吸引客人。

特色 2 多數分店不提供免稅服務,請特別注意!

推薦店鋪:
關東:上野店
關西:心齋橋店

必逛平價藥妝店!

Chapter 1

　松本清是日本最大的知名連鎖藥妝店，目前全日本的店鋪數目超過一千間。說真的，只要
拜訪過東京的朋友應該都會發現，不管你在東京哪個車站，幾乎每個車站出來都一定會看
「松本清」大大的招牌，就算是一條街上有兩到三間，也是很平常的。我自己最喜歡逛的就是
宿三丁目店，還記得我 10 幾年前第一次去東京時，一站在這間店前面就不自覺發出「哇～
的讚嘆聲，對當時的我來說，一整棟的藥妝店真的好瘋狂，尤其店內架上琳瑯滿目的藥妝商品
每一樣都讓我躍躍欲試，彷彿每一件商品都在跟我招手「快帶我回家吧～」從那一刻起，我
正式陷入了對日本藥妝失心瘋的世界。

　新宿三丁目的松本清，絕對是去東京買藥妝必逛的指標性店鋪，一整棟 3 層樓的空間都
常明亮，無論藥品或美妝品都夠多夠完整，新品進貨速度超快，想找最新最熱門的藥妝品一
要來這。

商店特色 AWESOME

特色1 日本最大的藥妝店連鎖品牌。

特色2 新品上架速度快，來這裡永遠能發現最新的藥妝產品。

特色3 提供多種優惠折扣：LINE好友不定期9折、下載官方APP首次購物享9折優惠。

推薦店鋪：

關東：新宿三丁目店

關西：心齋橋店

九州：博多運河城店

日本最大
指標性藥妝

Chapter 1

藥妝

ainz & tuple 在東京是很知名的藥妝店,我最常逛的就是表參道上的分店和新宿店,這兩間店在鬧區中規模是數一數二的大,空間很寬敞,逛起來很舒服,商品種類非常多元,大家普遍愛買的藥品幾乎都有,開架彩妝品牌也比其他藥妝店多,另外還販售很多雜貨小物。比較特別的是,他們有賣一些其他藥妝店跟美妝店沒有的「香水香氛產品」、「沙龍專用髮品」 等。如果想要找最新上市的彩妝品,或是其他價格偏高、一般藥妝店沒賣的沙龍髮品,來這裡就對了!但是整體來說,他們的價格屬於中高,有時間去別處買的話就不建議在這裡失心瘋囉!

商店特色

AWESOME

特色 1 以女性為主要客群的藥妝店,整體氛圍很女孩風。

特色 2 店鋪規模通常都很大,藥品和彩妝品種類也都很齊全。

特色 3 販售香水、香氛產品和沙龍專用髮品,別的地方找不到。

女性客群為主藥妝店

推薦店鋪:

關東:原宿店、新宿店

關西:NU茶屋町店

Chapter 1

　　SUNDRUG 是日本常見藥妝店鋪之一，在部分地區的商品價格很有競爭力，販售商品包含藥品、日用品、美妝品、保養品（開架及專櫃都有）、零食餅乾、飲料及補給品。想買到激安的低價便宜藥妝，絕對不能錯過池袋東口的 SUNDRUG，這間店部分商品的便宜程度，真的讓我第一次看到時，下巴差點掉下來，因為那根本就是跟上野、吉祥寺、新宿這幾個藥妝一級戰區很有得拼的價錢！不過如同我一再強調的，日本藥妝市場的價格非常的浮動，所以就算我說這間店價錢很便宜，但也是會有些商品比其他地方貴，冷靜的比價後再結帳，還是必須的。

商店特色　AWESOME

特色 1 部分商品真的很便宜，
價格有一定競爭優勢。

特色 2 各地鬧區幾乎都能見到SUNDRUG分店，
很容易逛到。

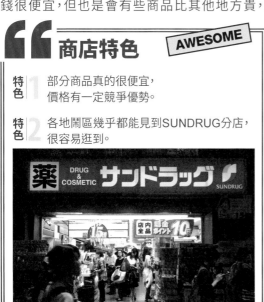

價格便宜 很有競爭力

推薦店鋪：
關東：池袋東口店、吉祥寺店
關西：心齋橋店

SCAN

Daikoku 主打低價商品，很多日用品跟藥品真的都很便宜，但美妝類商品很少，主要販售藥品、日用品、零食餅乾、飲料及補給品，也有部分分店有售百元商品。我個人比較常逛新宿歌舞伎町一丁目分店，這裡跟三丁目的松本清比起來，許多商品價格都更低更好入手，雖然只有一層樓的店面，購物空間不大，商品也不是最齊全，但基本的熱門商品都有，建議大家在新宿區下手買藥妝前，可以先來這間比價一下。

商店特色

AWESOME

特色1 以藥品和日用品為主，美妝品較少。

特色2 價格很有競爭力，強調主打價格優惠。

主打低價商品

推薦店鋪：
關東：歌舞伎町一丁目店
關西：NEW心齋橋店
九州：天神店

Chapter 1

丸井百貨（OIOI、マルイ）

velikoko

velikoko是丸井百貨自家研發的品牌女鞋，這系列女鞋集結了消費者的意見後才研發生產，因此商品更能貼近消費者的需求。我兩年多前就有在部落格上推薦過他們的女鞋，穿到現在我也還是非常推薦，因為他們家鞋子真的設計得不錯，鞋底有減壓設計，所以踩起來很舒服，整雙鞋的細節質感也都處理的很好，款式也都是上班族會愛的百搭基本款，又多數都是日本製且價位合理，我周遭朋友有穿過的都喜歡。推薦大家，打折時一定要買來囤！

丸井百貨是我心中日本必逛的女性百貨第一名，在日本各地有不少分店，每間都有很多以女性為主打的專櫃，除了服飾以外，這裡面的飾品、雜貨和小物我也都非常喜歡！提供給外國觀光客的優惠也很不錯，出示台灣發行的悠遊卡，可以以現金購物95折，然後還能再有免稅的優惠唷！非常推薦！

tips

✱ 悠遊卡95折優惠，中信卡9折優惠

只要結帳時出示悠遊卡或悠遊聯名卡，即可享有95折購物優惠，但只限現金結帳喔！或是如果你手上有中國信託信用卡，也可以去櫃檯辦一張9折優惠的識別卡，刷中信卡購物則是有9折優惠！

結合悠遊卡優惠

商店特色 AWESOME

特色1 以女性為主要客群的百貨公司，專櫃都是女生喜愛的品牌。

特色2 丸井百貨自有品牌開發的鞋款、包包等配件，品質好、價錢親切。

特色3 悠遊卡的95折優惠，連下折扣的5折商品都能用，我買過好多次。

推薦店鋪：
關東：新宿本店、有樂町店、上野店
關西：難波店
九州：博多店

Chapter 1

SCAN

高島屋是在日本擁有眾多分店的老字號百貨公司,台灣人非常熟悉,因為台北也有一間高島屋!高島屋在日本因為是早期百貨龍頭之一,所以基本上比較高檔的大牌子都能在這裡找到。裡頭販售的商品跟品牌種類多又齊全,不只是男女裝、配件,甚至是童裝品牌,都可以在這裡找到好多選擇!針對觀光客部分,也提供外國人專屬折扣卡,全館商品幾乎都可以 95 折,還能再退稅。只要到服務台出示護照,就可以領取外國人專用折扣卡,目前為止發送的卡片都是可愛的 Hello Kitty 版本唷,卡片不只實用還超可愛的!(好適合收藏)

日本橋

新宿

橫濱

大阪

京都

其他店

© 1976, 2014 SANRIO CO., LTD.

商店特色 AWESOME

特色 1 老字號百貨公司,品牌種類齊全,高檔精品匯集。

特色 2 童裝品牌選擇多,折扣季時連名牌童裝都會下5折。

familiar

adidas ORIGINALS

THE NORTH FACE®

HELLY HANSEN

tips

外國人專用折扣卡

I各店服務台或是免稅櫃台出示護照，就可以得到一張外
I人專屬的95折專用卡，只要消費滿日幣3000就可以使
I。（部分特價商品不適用）

老字號
百貨龍頭

推薦店鋪：
關東：新宿店
關西：難波店

Chapter 1

伊勢丹（ISETAN）

伊勢丹對我而言就是新宿百貨公司第一指標！平常我其實很少走進去認真逛伊勢丹，因為沒有折扣時真的是非常高貴～ XD 不過！每年折扣季一到，如果時間剛好遇得上，我一定第一個去伊勢丹報到！當高貴的品牌折扣下殺到 5 折甚至更低，完全就是讓人殺紅眼般的搶購啊～不是只有我在瘋伊勢丹的折扣季，每次伊勢丹折扣季第一天早上，我都是跟一堆日本媽媽小姐擠在長長的排隊人龍中啊，日本人也超瘋伊勢丹的！為了吸引觀光客，他們當然也有推出針對海外旅客的專屬購物優惠，只要持新光三越聯名卡就可以到免稅櫃台兌換一張 95 折的 Guest Card（只能現金結帳），再加上退稅其實也很優惠喔！

商店特色　AWESOME

特色 1 新宿地區的百貨公司第一指標。

特色 2 各類高檔精品和特色品牌都有，精選的所有品牌都質感很好。

特色 3 折扣季必搶的百貨公司之一，連日本人都來搶翻的百貨。

折扣季必搶指標

推薦店鋪：
關東：新宿館
關西：京都館

大丸也是我常逛的百貨公司之一，尤其東京店，一直都是我只要經過就沒辦法不進去逛兩圈。為什麼呢？因為一樓有整層的伴手禮專區，全日本的伴手禮店鋪，大概就這裡最好逛！想買伴手禮不知該去哪，我超推薦來大丸東京店一樓逛逛！此外，這裡的家居用品和化妝品品牌都很齊全，還有提供免費的 Wi-Fi 以及針對外國遊客專屬折扣，當然還有大家最愛的退稅服務（需扣 1.1% 手續費），這些對觀光客來說都是很加分的。然後我最近又發現他們跟台灣的 HAPPY GO 卡也有合作，趕快來報給大家！

※ 外國遊客專屬5%折扣

只要持護照到大丸百貨服務台或退稅櫃台，即可領取5%折扣券。對象店鋪：心齋橋店、梅田店、京都店、神戶店、東京店、札幌店。

※ HAPPY GO卡友優惠

只要單筆消費超過日幣5000並保留收據，在購物日的次月14日前上網登錄，便可享有每日幣200（不含稅）累積1點的集點優惠。對象店鋪：心齋橋店、梅田店、京都店、神戶店、東京店、札幌店。

商店特色 AWESOME

特色 1 地理位置方便，東京店和梅田店都在車站正上方。

特色 2 絕對必逛一樓伴手禮專區，保證永遠能買到最受歡迎的新款伴手禮。

特色 3 消費可以累積HAPPY GO點數。

伴手禮專區超好逛

推薦店鋪：
關東：東京店
關西：梅田店、京都店

Chapter 1

我想很多觀光客應該都逛過新宿 MYLORD，只是很多人不知道自己逛過而已 XD 這個商場位在新宿南口，從 JR 新宿站出來直達，導致很多人搞不清楚狀況，一出站就開始逛而不自知。新宿 MYLORD 除了地點超讚，裡頭的店家走年輕路線，除了休閒款式以外，也有比較知性優雅的風格，選擇很多；1 樓連接新宿南口的是超級好逛的美妝店「ITS' DEMO」，我每次經過都會不小心淪陷，然後就一直往樓上逛。2016 年他們全新改裝，很多商店都陸續更新完畢。

推薦店家

ITS' DEMO(1F)
超級好逛的美妝店，獨家販售很多卡通人物的聯名商品。

BIRTHDAY BAR(2F)
很好逛的生活雜貨用品店，商品種類多且豐富。

Jewelna Rose(3F)
這品牌專門販售包包、行李箱、小配件，整體走可愛甜美風，代言人是人氣名模紗榮子唷！

three quarter(4F)
我超推這間服飾店，裡頭的衣服有7成都是日本製，質感好價格也合理。

Laboratory Work(5F)
這間店的價位稍微高一些，所以我會來這裡挑比較正式一點的衣服，折扣季的時候，會下殺到可以一次買10件的地步！

主打
年輕路線

商店特色

AWESOME

特色1 以女性為主要客群的百貨公司，提供不少比較有特色的品牌。

特色2 折扣季時非常好買，4折已經是基本款。

推薦店鋪：
地址：東京都新宿區西新宿1-1-3
電話：03-3349-5611

Chapter 1

商設
業施

東京的購物一級戰區,首選當然是「新宿」,來到這裡你絕對不能錯過的就是 LUMINE(ルミネ)百貨公司。話說,LUMINE 這間百貨在東京的分館還真不少,但最讓人推薦必逛的就是 LUMINE 在新宿的 3 個館。分別是 LUMINE 1、LUMINE 2 及 LUMINE EST,光是看到 LUMINE 在新宿可以連開 3 館,你就知道這裡的消費力一定是不容小覷,各館內除了進駐許多人氣品牌,包含服飾配件、美妝保養、街頭潮流之外,還聚集了許多美食餐廳,讓人在購物血拼之餘,還能夠大啖美食。接下來簡單介紹各館的推薦店鋪!

❝ 商店特色 AWESOME

特色 1 以女性為主要客群的百貨公司,專櫃都是女生喜愛的品牌。

特色 2 進駐專櫃以年輕風格為主,商品單價也都比較親切。

特色 3 美食餐廳和咖啡廳,也都是女生會喜歡的風格。

推薦店家

LUMINE 1館

中川政七商店(6F)

川政七商店源自於奈良，是歷史超過300年的老店，旗下分成好幾個品牌（例如「遊 中川」），主要商品是手工紡的棉麻織品。但是除了堅持傳統工藝之外，他們也很勇開發新商品，把傳統和現代結合得很完美，一點也不會覺突兀～我最推薦他們家的招牌商品花布巾（花ふきん），水性極佳，而且越用越柔軟，用過他們家的布巾後根本法再用其他家的！

Cosme Kitchen(2F)

間是我的愛店，我家裡有好多有機類的保養品都是在他們購入的。Cosme Kitchen的概念，是以美妝的廚房為出發，販售自然、有機、無添加的保養品，在日本深受許多女喜愛！

LUMINE 2館

nano universe(3F)

個品牌的風格比較低調內斂，從店內裝潢到服裝款式，都以時尚又帶有流行元素的實用單品為主，在店裡看不到流性太強只能用一季的商品，大多都是好看好搭的實用款。

PLAZA(2F)

期追蹤我的人一定知道我有多愛這間店！雖然他們店的規通常都不算大，但美妝品的陣容很齊全，話題性的或是最的商品，統統看得到，而且還有超多可愛的雜貨。

LUMINE EST

※ INDEX(4F)

INDEX的款式很合我胃口，價格也非常合理，而且他們有時候也會有可愛卡通人物的授權商品可以買。

※ Salut!(3F)

這家是我很愛逛的平價雜貨店之一，販售商品很有自然鄉村風。

一連3館逛不停！

推薦店鋪：
關東：LUMINE EST、LUMINE 2館

MODI 在 2015 年底開幕,也算是一家饕年輕的商場,有別於一般的消費模式,主打「體驗」及「享受」,結合音樂、美食、旅行、文化提供全新型態的新世代複合式商場。這棟建築的前身是 O1O1 City,地理位置非常方便就在渋谷迪士尼專賣店正對面、渋谷 Apple Store 旁邊,從車站走過來只要 3 分鐘。渋谷 MODI 整體的設計對觀光客非常體貼,光是電子的樓層導覽,就提供了 11 種語言(沒看過這麼多的),1 樓的詢問台也有會中文跟英文的服務人員,一進門就可以看到,有任何問題都可以請問他們。

推薦店家

✳ H.I.S旅客服務中心(B1)
這裡有中文的服務人員,關於旅遊或購物的任何問題,都可以請教他們,如果想要購買日本國內的旅遊行程,也可以跟他們諮詢。

✳ Le Talon(2F)
我在這第一次認識這個女鞋品牌,質感好棒,走精緻路線,而且很多是日本製,做工細緻無可挑剔,唯一的缺點就是價格偏高。

✳ HMV & BOOKS TOKYO(5~7F)
文青一定會愛的複合式書店,特色是結合書本跟商品,各樣的書籍旁邊,都會擺放書裡提到需要使用的商品,或推薦購買的好物(好會賺)。

「 商店特色 AWESOME

特色 1 以年輕族群為主的百貨公司,不分男女。

特色 2 不只服裝和配件,這裡提供更多影音、書籍等更多文化相關商品。

特色 3 樓上有間大型的卡拉OK,逛累了還可以上去唱唱歌。

主打 體驗&享受

推薦店鋪:
地址:東京都渋谷區神南1-21-3
電話:03-4336-0101

推薦店家

❋ 212 Kitchen Store(B1)

我超常買這家的廚房雜貨，質感都很棒，很多台灣熱門的餐廚用品這裡都買得到。

❋ BIRTHDAY BAR(B1)

這間也是我個人非常愛逛的日本雜貨店鋪之一。

❋ L.L.Bean(5F)

這是一個歐美戶外休閒品牌，他們家的帆布托特包，在日本非常受歡迎，還提供客製化的繡字服務喔！

❋ snow peak(5F)

日本知名戶外露營品牌，在這間百貨公司裡的櫃比較偏向休閒服飾，用品類較少，只有一些熱門商品而已。

❋ BIRKENSTOCK(5F)

德國知名鞋子品牌，在日本的正式專櫃不算多，這裡的櫃位有很多款式，尺寸也較齊全。

❋ HANDS EXPO(7F)

這是Tokyu Hands旗下的全新概念店，以5種日本文化的代表特色作發想，進而連結相關產品和主題。

❋ LOTTE DUTY FREE(8~9F)

這是一間很大的都市型免稅店，我覺得滿好逛的，購物也輕鬆免提袋，離開日本時在機場領取即可。

東京變化得很快，路面上的店鋪時不時就汰換，表現不好，很快就會不存在，能生存去的就是厲害！2016 年 TOKYU PLAZA 熱鬧的銀座開幕了，一時之間成為注目的點，每天車水馬龍、門庭若市。它的地理位非常好，就在地鐵銀座站正上方，從地鐵站來就直達，所以完全不會迷路；地下樓層也地鐵站連通，下雨天不用擔心會淋濕。

🔖 商店特色 AWESOME

特色1 地理位置和交通方式便利。

特色2 頂樓設立的都市型的免稅店，方便觀光客購物免提袋。

新開幕注目焦點

推薦店鋪：
地址：東京都中央區銀座5-2-1
電話：03-3571-0109

SCAN

NEWoMan 也是 2016 年才開幕的新百貨,位置得天獨厚就在 JR 新宿站新南口旁邊,出出來就是直達,隔壁則是老字號的高島屋百貨。高島屋跟 NEWoMan 真的幾乎連在一起,中只有隔開一些而已,非常適合順道一起逛逛。說實話,我覺得 NEWoMan 並沒有非常好逛,面大多是高價位的專櫃,像我們這樣小資女可以下手的其實不多(好逛的都集中在 2 樓以下)

商店特色 *AWESOME*

特色1 地理位置超好，就在車站隔壁，交通非常方便。

特色2 有質感的高檔品牌很多，只是提袋率相對較低。

特色3 頂樓有空中花園可以看看周圍的風景。

推薦店家

※ Blue Bottle Coffee(1F)
來自舊金山的全球知名咖啡店，繼清澄白河店和青山店之後，終於在新宿開了日本第3家分店。

※ AKOMOYA TOKYO(1F)
這是一間專門販售日本各地知名食材、食器的店鋪，逛起來很有趣，非常多特色商品。

※ John masters organics select(1F)
有機保養品店鋪，他們家最有名的就是洗髮用品，好用但也好貴。

※ LE CAFÉ de Joel Robuchon(1F)
侯布雄的咖啡廳，有座位可以坐著休息，享用甜點。

※ Cosme Kitchen&Naturopathy(M2F)
有機保養品專賣店，這間店販售的保養品都很不錯用，天然又有機。

※ Emmi(M2F)
有賣很多品牌的潮鞋，想找特殊鞋款可以來這裡碰碰運氣。

推薦店鋪：

地址：東京都新宿區新宿4-1-6

電話：03-3352-1120

位置得天獨厚

Chapter 1

商業設施

lalaport 富士見

lalaport 富士見是近兩年開幕的大型購物中心,占地非常大,從池袋過去需要搭車 1 小時左右。整個購物中心有 293 間店鋪,各類型店鋪應有盡有,空間環境逛起來也很舒服～lalaport 富士見共有 3 層樓,雖然不是以親子為主打客群,但也是對親子友善的環境,用餐區和賣場休息區都設有兒童專用桌椅。我愛逛的品牌在這裡幾乎都有,來一趟就可以滿足所有購物慾望,還不用風吹雨打曬太陽,超棒的!建議留一整天時間來逛,才不怕留下太多遺憾!

推薦店家

DAISO
逛的百元商店,我只要經過就一定會進去晃一圈出來,本比台灣東西多很多很多很多!

JELLY BEANS
很喜歡這家的鞋子,有7成左右是日本製,而且不貴喔!

阿卡將
間阿卡將也是大的不像話,商品豐富又齊全,而且可以免稅～

one's terrace
好逛的生活居家雜貨,裡頭常常有迪士尼的雜貨商品喔～

LOGOS
個露營品牌在關東的店鋪不多,喜歡的人可以來這朝聖。

超大型購物中心

推薦店鋪:
地址:埼玉縣富士見市山室1-1313
電話:049-257-5100

我們全家都是 niko and…的超級大粉絲,他們家的女裝,我很喜歡也時常買,有休閒輕鬆的款式,也有比較正式 OL 的,重點是價格都不貴。還有他們的雜貨類商品也很讚,休閒中帶有流行感,從這裡買到的商品都像日雜上面跳出來般,放在家裡隨便一擺都好看又加分!我們家有一半以上的裝飾用品都買 niko and…的(不誇張)

他們也常跟知名品牌推出合作商品,例如咖啡品牌 Kalita、露營品牌 Coleman 等等。

商店特色 AWESOME

特色 1 休閒中帶有流行感,買回來隨便擺都像日雜一樣好看。

特色 2 服裝、雜貨、家具、文具及小用品等商品種類繁多。

特色 3 不定期推出大人風格的限定款扭蛋(我扭過咖啡系列 露營系列)。

日雜風格
休閒流行感

推薦店鋪:
關東:原宿店、新宿MYLORD店
關西:阿倍野Q's Mall店
九州:博多運河城店

Chapter 1

　　這是一間很適合全家人一起逛的店,在部分大型的 mall 裡是超大間店鋪,除了販售女裝之外,還有許多漂亮的家居用品及家飾雜貨,下折扣的時候尤其好買。店鋪的整體走自然清新風格,女裝的版型普遍較為寬鬆、不走合身路線,身材比較肉肉的女生,可以在這裡找到不少好搭的款式唷!

商店特色　AWESOME

特色1 整體風格走自然清新路線。

特色2 販售不少漂亮的家居用品和雜貨。

特色3 女裝版型較為寬鬆,適合肉肉女生挑選款式。

適合全家一起來逛

推薦店鋪:
關東:錦糸町店
關西:阿倍野店
九州:博多店

這個服裝品牌其實台灣也有,但我還是都在日本買,因為價格親切很多,特別寫出來就代表這也是我時常逛的眾多店家之一。INDEX 的服裝款式我幾乎都很喜歡,而且顏色都是隨便搭都簡單大方的黑白色調和大地色系,非常對我的胃口。他們除了實體店鋪好逛,官網也很容易不小心失手唷!店內商品除了服飾跟配件,他們也常常不定期推出可愛的卡通人物授權商品,很會搶錢。

黑白大地色
簡單大方

商店特色

特色1 價格真的很親切,我每次買他們家的大衣都大約日幣6000左右。

特色2 偶爾推出的期間限定可愛小物總是很吸睛!

特色3 折扣季時非常不得了,我曾經買過他們家下殺3折的衣服和包包。

推薦店鋪:
關東:新宿LUMINE EST店
關西:難波CITY本館店
九州:博多AMUEST店

Chapter 1

SCAN

3/4 three quarter

three quarter 這牌子，是以 MADE IN JAPAN 為主要特色的服飾品牌，這家店內的服飾有 7 成以上都是店家自行開發版型，並且找日本工廠製作。現在這個幾乎連精品都快全部中國製的時代，竟然還能在日本的商場裡找到日本製的衣服，真是件難得的事，價格也出乎我意料的親民，就跟其他品牌賣的中國製售價差不多。品質好、款式好看、價格不貴，你說不推薦這牌子行嗎？

商店特色 AWESOME

特色1 7成以上都日本製，作工質感細緻。

特色2 版型以亞洲女性身形打造，剪裁合身、修飾感很好。

特色3 配色簡單好搭，款式大方實穿，工作和休閒都適合穿搭。

¥4,900

NEW ARRIVAL

MADE IN JP
價格親民

推薦店鋪：
關東：新宿MYLORD店、原宿店

Chapter 1

服配
飾件

　我已經數不出來我有幾件 ROPÉ PICNIC 的衣服了 XD 這牌子也是我只要經過,就必定
去巡一巡(然後不小心花錢)的牌子。他們家的款式都是當季流行款,在這裡你絕對能找到當下
最流行的款式,推薦上班族的小資女們來這裡大肆採購,因為這裡多數的款式都比較女性化,
穿去上班或約會都是不錯的選擇。

商店特色 AWESOME

特色 1 日本各地分店眾多，是很容易可以逛到的品牌。

特色 2 價格不貴且款式好看，剛出社會的小資女適合購買。

適合小資女的流行款式

推薦店鋪：
關東：新宿LUMINE EST店
關西：難波CITY本館店
九州：博多阪急店

Chapter 1

服配
飾件

Chapter 2

如果你
有質感的
講究
生活
居家

雑×貨

BIRTHDAY
BAR

SCAN

　我經常在臉書粉絲頁上分享很多日本買到的雜貨,也被大家追問「哪裡買?」但說實話,有時候不是我不想分享,而是日本專賣雜貨的店鋪真的很多,加上商品類型也很接近,所以常常會忘記什麼東西在哪家店買到。「BIRTHDAY BAR」是我經常光顧的雜貨鋪之一,他們主要販售各類生活用品,除了餐廚雜貨、生活雜貨外,像是一些趣味小物、寶寶用品、香氛保養等等,也都可以找到。最近幾年大家很愛團購的珪藻土品牌「soil」也在BIRTHDAY BAR 上架部分熱門商品,各種尺寸吸濕塊、吸水杯墊、吸濕地墊等等都有。

❝ 商店特色  AWESOME

特色 1 特色雜貨多。

特色 2 生活用品、趣味小物統統有。

特色、趣味統統有!

推薦店鋪:
關東:新宿MYLORD店、東急PLAZA銀座店
關西:大阪LUCUA店、京都THE CUBE店
九州:AMUEST博多店、福岡PARCO店

Chapter 2
雜貨

　　212 KITCHEN STORE 我已經愛逛好多年了，有別於一般生活雜貨店什麼都賣，這間店內專賣餐廚雜貨商品，也藉此顯得對於餐廚類型用品的專精。我很喜歡這家店的風格，整間店感覺既時尚又五彩繽紛，非常有輕鬆又童趣的感覺！超推薦它們自己設計的手繪風格馬克杯，感覺自由隨性又可愛，完全是現代女孩的菜，此外，他們也時常推出和迪士尼聯名合作的商品，幾乎每季都有新款，各款都很燒，讓人很想全部搬回家。

商店特色 AWESOME

特色 1 以餐廚用品為主的雜貨專門店。

特色 2 各式最新最夯的餐廚產品都能在這買到。

特色 3 有獨家和迪士尼聯名推出的餐廚用品系列。

餐廚控絕對必逛！

推薦店鋪：
關東：東急PLAZA銀座店、晴空塔店、
　　　　Lalaport富士見店
關西：AEON MALL京都五条店、梅田阪急
　　　　三番店、Lalaport EXPOCITY店
九州：天神Solaria店、AEON MALL熊本店

IDEA SEVENTH SENSE 是我在逛東京有樂町丸井百貨時,無意間逛到的生活雜貨店,這家店走中性風格,和我平常逛的女孩系風格不太一樣。他們的品牌概念是「發現驚喜及美好的生活提案」,這個概念真的有打中我,店裡賣的商品幾乎都是我的菜,尤其貨架上好多近幾年很夯的日本品牌 BRUNO 的商品,每款都是造型好看又實用的居家雜貨。目前全日本有 7 家分店,其中 1 家在千葉,其餘都在東京都內。

商店特色 AWESOME

特色 1 是一間也適合男性購物的雜貨店鋪。

特色 2 常見的居家雜貨以外,這裡有不少電器、都會男性相關的商品。

中性風格的
特色雜貨店

推薦店鋪:
關東:有樂町丸井店、LUMINE池袋店

Chapter 2

雜貨

CONCIERGE 是一間從外觀開始就很有日本風格的生活雜貨店，目前只有 4 家分店（其中有 3 家都在東京），我最常逛的就是吉祥寺店。店內裝潢營造的風格很休閒，整體設計也以輕鬆的氣氛為主，是很多年輕女性喜歡的感覺。它們販售的商品類型很多，從居家的生活用品到個人的包包配件都有，而且款式都以當季流行的為主。逛這間店最大的樂趣，就在於你每次去都會有一些新發現，而且絕對都是完全跟得上流行的風格。

新款包包這裡都有

商店特色 AWESOME

特色 1 有各種新款包包的生活雜貨店。

特色 2 整體店鋪氛圍很優閒，是年輕女生會喜歡的店。

推薦店鋪：
關東：ATRE吉祥寺店

中川政七商店是一間超過300年歷史的奈良老舖,核心理念是把傳統的好東西保留下來,並加入現代新元素,再加上品質細節嚴格控管,搖身一變成為融合新舊又傳承文化的現代好!他們最有名的自製品是麻織材質的布巾,從創業至今一直持續製作、販售,也和很多卡通人聯名,陸續推出一款款可愛又有質感的布巾和手帕,送禮或自用都非常適合~

商店特色 AWESOME

特色1 和風味十足的日式雜貨店。

特色2 融合傳統與現代,
把新舊結為一體而製作商品的特色好店。

特色3 店內販售非常多日本古早味的用品,加上
現代技術後搖身一變成為現代好物。

融合新舊的
日式雜貨

推薦店鋪:
關東:LUMINE新宿店、ATRE吉祥寺店
關西:LUCUA1100店、
近鐵百貨HARUKAS店
九州:福岡PARCO店、天神岩田屋本店

Chapter 2

Chapter 3

如果你

想找到最新的

家電或

3C產品

　到日本除了逛藥妝店、可愛小物、雜貨之外，其實我也很愛逛 3C 家電賣場，尤其去年搬家必須添購很多家電用品，所以超級認真的卯起來逛。「Bic Camera」是我在日本最愛逛最常逛的家電賣場，各類家電、各種品牌幾乎都找得到，除此之外，還有生活用品、兒童用品玩具等等。特別推薦他們位於新宿東口與 UNIQLO 異業結合的分店「BICQLO」，這間店更把家電和服飾完美結合，連你打掃時最適合穿哪些衣服都一併推薦了，非常貼心！另外他們有專賣藥妝的「BIC DRUG」，先生逛家電時，太太可以逛藥妝，兩人都不無聊。

商店特色 AWESOME

特色 1 提供海外觀光客購物優惠。

特色 2 可以網路先下訂，到日本時前往店鋪取貨。

特色 3 近年來有很多外文服務人員，中文、英文都可以溝通。

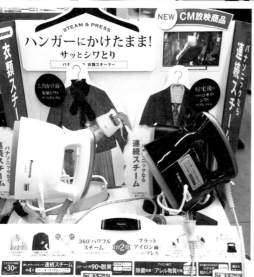

推薦店鋪：

關東：新宿東口店、有樂町店

關西：難波店

九州：天神店

說中文
也能通喔！

ヨドバシカメラ
マルチメディア梅田

SCAN

「Yodobashi Camera」也是一間類似 Bic Camera 的家電賣場，或許很多人有逛過，但沒發現自己逛的就是這間店！(很多人以為都是 Bic Camera) 舉凡各種居家電器、3C 產品、運動器材、旅行用品等等都有賣(好五花八門啊)，這家的分店沒有 Bic Camera 那麼多，但各間店鋪的位置都很方便，例如新宿店、大阪梅田店都是在車站旁邊，很容易就能找到。這間和 Bic Camera 一樣有提供網路下訂、店鋪取貨的服務，對觀光客來說真的很方便，出發前先在網路上選好想購買的商品，到現場只要取貨付款和辦理退稅就好，非常省時；博多店、秋葉原店和梅田店甚至提供 24 小時的取貨服務喔。

商店特色 AWESOME

特色 1 販售商品同樣五花八門，什麼都賣什麼都不奇怪。

特色 2 可以網路下訂，店鋪取貨，對觀光客很方便。

選購家電的另樣選擇！

推薦店鋪：

關東：新宿西口本店

關西：梅田店

九州：博多店

　日本的家電賣場，主要就是幾間大公司在營運，除了上述的兩間我們觀光客比較熟悉之外，這間「ヤマダ電機 LABI」據說也是其中一間比較大的家電賣場，而且還是日本人比較常去光顧的一家。我自己其實很少逛 LABI，因為每次都在 Bic Camera 就把錢撒完了，還來不及走到這裡呢！XD 不過，上回有次聽朋友說，LABI 這裡賣的 APPLE 產品有很令人驚喜的價格～大家有興趣的話下次也去逛逛吧！

商店特色 AWESOME

特色1 據說是日本人比較常光顧的老牌家電賣場。

特色2 對女性提供比較貼心的服務，部分分店有女性專區。

本地人消費的家電賣場

推薦店鋪：
關東：新宿東口店、新橋店
關西：大阪難波店、神戶三宮店

Chapter 4

如果你
想要買得

經濟又　實惠

類 ╳ 別

- 平價雜貨
- 生活賣場

Color the days

Seria

HAND MADE
DIY

SCAN

Seria 是一間質感很好的百元店,我在粉絲頁和部落格分享過超多次!它最主要的特色,就是提供了許多手作製品的零件跟材料,讓喜愛 DIY 自己製作居家小雜貨的人,能以較低廉的價格購入材料,體驗手作生活的美好小確幸。除此之外,Seria 也有引進許多可愛卡通人物的平價授權商品,像是大家最愛的 Hello Kitty、蛋黃哥或米奇米妮,這些都常常在架上出現,很推薦喜歡可愛小物的人來這裡挖寶。

商店特色 AWESOME

特色1 質感不錯的百元店。

特色2 有很多手作材料可以買。

特色3 餐具的花色和圖樣也都很好看。

推薦店鋪:
關東:丸井錦糸町店
關西:阿倍野LUCIAS店
九州:North天神店

手作質感
百元店

Chapter 4

3COINS 早在我寫文章介紹之前，就已經是許多台灣人去日本旅遊指定要逛的平價雜貨店它們分店眾多、分布區域也廣，提供了很多色彩繽紛的日常用品，同時也結合了女生喜歡買的飾品、髮飾、襪子等等，幾乎可以說是主打女性族群的平價雜貨店。我幾乎每次去日本都會逛3COINS，尤其喜歡他們的季節性商品，會讓人忍不住想（而且會）打包帶走。真的很希望3COINS 可以來台灣展店，因為他們的商品幾乎都是台灣人的菜。

商店特色 AWESOME

特色1 設計可愛的生活雜貨用品很多。

特色2 雜貨以外飾品和髮飾也非常好買。

特色3 季節性商品都設計得好看又不貴。

全年齡層
平價雜貨店

推薦店鋪：
關東：LUMINE EST新宿店
關西：HEP FIVE店
九州：天神IMS店

同樣是百元店，CAN★DO給人的感覺跟大創不太一樣，它算是小型的精緻型百元店，店鋪大部分規模都偏小（也是有少數大型店），但商品都滿精美的～整體風格走清新可愛路線，因此商品大多是年輕女生、學生族群、年輕媽媽喜歡的風格，除了有很多居家小物、文具、包裝材料以外，還有小部分可愛卡通人物商品喔！自用很棒，當伴手禮送人更讚（完全不會被發現是百元店的貨色 XD 很適合送給不太熟的同事）。

❝ 商店特色 AWESOME

特色1 精緻型百元店，店鋪小巧可愛。

特色2 商品風格走清新可愛路線。

特色3 居家小物和文具用品又多又好買。

可愛類型的精緻百元店

推薦店鋪：
關東：新宿西武PEPE店
關西：難波店
九州：Yodobashi博多店

光是看到店門口整片粉紅色的形象，不用抬頭看招牌，就知道走到了 CouCou 了。CouCou 是一家主打女性客群的 300 日圓雜貨店，這絕對是喜歡可愛、粉嫩、浪漫小物的女生必逛的店鋪，不管是哪一類型的商品都可以在這裡找到粉色、桃紅色、紅色這些女生喜愛的商品色系，甚至還有特別規畫兒童用品專區，男寶跟女寶的色調都有，非常能滿足年輕媽媽們的購物欲。

商店特色

AWESOME

特色 1 完全女孩風格的粉紅色調平價雜貨店。

特色 2 商品以粉嫩又可愛的風格為主。

特色 3 全品項都是日幣300未稅。

可愛粉紅
平價雜貨

推薦店鋪：
關東：自由之丘店
關西：難波WALK店
九州：博多運河城店

salut!

salut!是法文的問候語，這間取了法文名字的雜貨店，充滿了濃濃的鄉村風，以白色為主調搭配的蕾絲布簾、刷舊木櫃等，每樣商品都完美打造出獨特的歐風雜貨style。這裡主要販售大型的雜貨，商品價格最多不超過日幣5000，同類型的商品在別的地方可能都要超過日幣一萬了！如果在東京想要好好逛這家店的話，推薦去池袋Sunshine City樓下的分店，它的空間大、商品品項齊全，逛起來好過癮！要交通方便的話，推薦新宿LUMINE EST三樓的分店，還能免稅喔～

商店特色 AWESOME

特色1 歐式鄉村風的日本平價雜貨店。

特色2 充滿許多居家佈置的優雅好物。

特色3 以大型家居雜貨商品為主，也有部分體積較小的品項。

平價歐式鄉村風雜貨

推薦店鋪：
關東：新宿LUMINE EST店、
　　　池袋Sunshine City店
關西：HEP FIVE店
九州：福岡天神地下街店

Chapter 4

SCAN

　DAISO 大創百貨台灣也有，而且分店也不少，那為什麼去日本還要逛 DAISO 呢？因為日本 DAISO 的商品種類比台灣多太多太多太多了！日本 DAISO 大型店鋪真的很大、商品種類多又齊全、實用的家居用品最多，近年來可愛小物品項也激增，而且推陳出新的速度好快！手只要有季節性商品的需求，一定會來逛百元店，例如聖誕節布置、萬聖節變裝，這類應景用的商品，不需要買太貴的，百元店的價格剛剛好符合需求，而且選擇也很多樣。

商店特色　AWESOME

特色 **1** 日本百元店最知名的一家。

特色 **2** 商品種類最多最齊全。

特色 **3** 新品推出速度快，季節性商品也非常好買。

推薦店鋪：

關東：原宿店、錦系町店

關西：心齋橋店

九州：博多巴士總站店

商品種類比台灣多喔

Chapter 4

SCAN

多慶屋本館B棟

婦人衣料・服飾品・化粧品・薬・健康食品

レディス館

70m先 →

TAKEYA

本館

多慶屋

商店特色 AWESOME

特色 **1** 全日本唯一一間，獨霸上野地區的生活雜貨賣場。

特色 **2** 不用懷疑，真的什麼都有、什麼都賣、什麼都不奇怪。

特色 **3** 價格真的只有「激安」能夠形容，觀光客還能再享折扣和免稅。

很多人買藥妝都會去上野朝聖，是啊！上野地區是東京都內知名的藥妝店兵家必爭之地。我跟你們說，來上野買藥妝不能不逛多慶屋！多慶屋是上野地區老字號的雜貨量販店，擁有好幾棟不同主題的商品館，其中推薦大家去逛的就是女士館1樓的藥品，這裡的藥品部分價格真的是超級激安，且是我確實比價過的（有圖為證），幾乎可是全東京數一數二便宜的那種！有預計購較多藥品的朋友，真的一定要去多慶屋看！除了藥妝商品，多慶屋販售的生鮮和食及生活雜貨也都非常便宜，建議至少留個小時好好逛一番！

推薦店鋪：
關東：御徒町本店

上野必逛
量販名店

日本有一家店非常特別,它什麼都有、什麼都賣、什麼都不奇怪,商品種類比量販賣場還要五花八門,任何你想得到的、想不到的東西都可能在這裡買到,而且還能免稅。這家店就是常去日本的人一定都知道的生活雜貨店「驚安的殿堂(Donki)」,這間店有三「超」:東西種類超多、營業時間超長、部分商品超便宜,我私底下都稱它是挖寶店,因為我常常在Donki發現意想不到的商品或價格,基本上一走進去沒有一個小時絕對出不來,有時候真的可以好好逛、仔細逛,一定會發現自己想要或需要的東西(或是好價格)。

商店特色 AWESOME

特色 1 超多分店都24小時營業。

特色 2 同樣什麼都有、什麼都賣。

特色 3 各類商品的價格都讓人非常驚喜。

睡不著覺
就去Donki吧

推薦店舖：
關東：新宿店、銀座店
關西：道頓崛御堂筋店
九州：中洲店

Chapter 4

生活賣場

VILLAGE/VANGUARD

商店特色 AWESOME

特色 1 逛起來最驚險刺激的搞怪書店。

特色 2 充滿挖寶樂趣的特色書店。

特色 3 雜貨商品、公仔玩具比書本更多的書店。

VV 搞怪書店

這絕對是我逛過最特別的一間書店！一間雜貨商品比書本還多的書店。而且裡面的商品真的出乎你意料的搞怪，各式怪奇雜貨、任何你覺得怎麼可能會賣這種東西的商品幾乎都能在這找到～我在這買過長得像大腦的麵條、壽司造型的男性內褲等等（天啊，我好奇怪ＸＤ）。Anyway，反正就是你可以在這裡買到很多你這輩子第一次看到的商品就對了啦～哈哈哈。喔，對了！這裡很常能買到特別版的不織子喔！有些還是限定款呢～

東京開眼界
必逛商店

推薦店鋪：

關東：新宿LUMINE EST店、上野0101店

關西：阿倍野Q's mall店

九州：Yodobashi博多店

Chapter 4

Chapter 5

如果你

未泯
童心

類 ╳ 別

● 可愛小物

SCAN

位於東京八重洲地下中央口的東京駅一番街,整個區域有超過百家店鋪,店家類型除了伴手禮店、餐廳、服飾雜貨之外,最讚的就是會讓卡通動漫迷瘋狂的各家卡通人物專賣店。想要一口氣買齊日本所有卡通人物的周邊商品,你一定要來東京駅一番街挖寶,除了迪士尼專賣店沒有之外,Sanrio、拉拉熊、小熊學校、Snoopy、神奇寶貝、妖怪手錶等都在這有專賣店,並且聚集了日本各大電視台專為自家卡通周邊商品而成立的專賣店,很多市面上買不到的可愛卡通小物都可以在這裡找到唷!

商店特色 AWESOME

特色1 全日本最紅的卡通人物專賣店都聚集在這。

特色2 日本電視卡通的所有周邊小物都能在這買到。

特色3 就在東京站樓下，地點超方便。

喜歡可愛小物不能不來

推薦店鋪：
地址：JR東京站八重洲口
電話：03-3210-0077

　非日系血統，但一樣在日本紅翻天的卡通人物品牌，就是來自美國的「Disney」。任何品牌只要推出迪士尼聯名商品，幾乎就是掛保證的熱賣商品，舉凡美妝產品、家居用品、3C 家電等，各種商品都有迪士尼的可愛版本，每每一推出就是秒殺完售，受歡迎的程度絕非一般！我覺得日本的迪士尼產品是全世界最有質感的迪士尼商品，只要逛過日本的迪士尼商店，去到世界各地的迪士尼幾乎都買不下去，心裡朝思暮想的只有日本的迪士尼～

 **商店特色** AWESOME

特色 1 最有質感的迪士尼商品只有在日本迪士尼專賣店。

特色 2 不只販售商品,很多間分店還可以購買樂園門票。

特色 3 不用到迪士尼樂園也能買到可愛的迪士尼產品。

全世界最有質感迪士尼

推薦店鋪:

關東:渋谷店

關西:心齋橋店

九州:博多運河城店

Chapter 5

可愛小物

SCAN

提到日本的可愛小物專賣店。我想大家都不會錯過 KIDDY LAND 吧！KIDDY LAND 商品種類豐富且多樣，當前最受歡迎、最熱門的卡通角色周邊商品，來這裡一定都能找得到；除此之外，季節性商品也是一應俱全，任何節日經過都可以看到最符合時節的可愛卡通商品。尤其是東京表參道上這間整棟 KIDDY LAND，堪稱是原宿表參道一帶必逛的地標店鋪，原宿店裡頭各種卡通人物依樓層分類，並且在連接各樓層的樓梯間增添了可愛的布置，讓人一進店門就好像進入了遊樂園一般，逛著逛著也就不知不覺多拿了幾樣商品準備結帳（笑）。

❝ 商店特色 AWESOME

特色 1 日本最好逛的玩具專賣店。

特色 2 各種歐美的、日本的玩具統統都有。

特色 3 不只是店鋪可愛，連裡面的廁所都令人瘋狂。

商品種類比台灣多喔

推薦店鋪：
關東：原宿店
關西：梅田店
九州：福岡PARCO店

Chapter 5

小物
可愛

SCAN

　說到 Hello Kitty，她可能是全世界最知名的可愛系卡通人物吧！走在日本大街小巷、超市、便利商店、雜貨店、服飾店，到處都可以看到她的身影，太多太多的聯名商品、地區特色商品、嬰童用品等，你想得到和想不到的東西幾乎都有 Hello Kitty 版。但如果想要買到最齊全的 Kitty 商品，就一定要到日本的 Sanrio 專賣店，這裡除了有 Sanrio 旗下最有人氣的 Kitty 之外，近幾年爆紅的蛋黃哥、My Melody、Little Twin Stars 也都有各式各樣的可愛小物唷！Sanrio 的粉絲一定要到專賣店朝聖一番！

商店特色 AWESOME

特色 **1** 日本可愛系卡通人物最主要品牌。

特色 **2** 以女性為最主要消費族群。

特色 **3** 全世界都有Hello Kitty商品，但只有這裡的最可愛。

新商品

Sanrio粉絲務必朝聖

推薦店鋪：

關東：銀座店

關西：心齋橋店

九州：博多運河城店

Chapter 5

可愛
小物

這間玩具店是我認識我先生後才知道的,因為店鋪商品特色主打男性,所以以前從來沒進逛過。第一次逛時我也是歎為觀止,因為這間也是一整棟的玩具店,雖然可愛系的玩具比較少,但整體說起來算是玩具類型比較平均的玩具店,跟一般主打女性的可愛玩具店不太一樣,有自己的特色。所以我每次遇到有男生來詢問玩具店時都會直接推上野這間,現在有時候兒子去日本也會帶他逛這間店,爸爸和兒子都逛得超開心!

商店特色 AWESOME

特色1 適合男孩和男人們逛的玩具店。

特色2 販售商品比較多機械組裝類型的玩具。

特色3 店鋪門口很多扭蛋機。

大小男孩推薦玩具店

推薦店鋪:
地址:東京都台東區上野6-14-6
電話:03-3831-2320

Chapter 5

　　如果問及大家最喜歡的日本卡通，我想應該每個人的清單中都少不了一部宮崎駿大師的作品吧！宮崎駿的卡通，每一部都可以稱得上經典，擁有大批死忠的粉絲瘋狂支持不是沒有道理。粉絲們想要購買周邊商品的話，どんぐり共和国絕對是必須朝聖的店鋪，進到店裡真的會呈現瘋狂狀態，因為所有卡通中出現的經典角色都有周邊商品，而且可愛得不得了，會很想要把整間店都搬回家 XD

"商店特色

特色 **1** 這裡有所有宮崎駿卡通相關的可愛小物。

特色 **2** 很多分店都有龍貓相關布置，非常可愛。

特色 **3** 日本製產品很多，質感很好。

宮崎駿粉絲
必來朝聖

推薦店鋪：
關東：東京站一番街店
關西：難波店
九州：博多運河城店

銀座可說是各大國際精品雲集的區域,但沒想到如此高貴的區域裡頭,居然有一間赫赫有名的玩具店「銀座博品館」,第一次逛到這間我還以為是賣日本骨董呢,走進去才發現是玩具店 XD 雖然博品館還有很多分店,但就屬銀座本店規模最大、商品也最齊全。銀座本店是一整棟的店鋪,喜歡逛銀座一帶的朋友就能來這裡朝聖買玩具,其中 1 樓到 4 樓專門販售各種玩具、公仔、模型等等,各種最新、最熱門的玩具或卡通人物周邊商品,來到博品館大多找得到。

老字號歷史玩具店

推薦店鋪:
關東:銀座本店
關西:關西空港店

Chapter 5

類 ╳ 別

● 戶外露營

Chapter 6

大自然的享受 如果你

生活戶外

SCAN

L-Breath

　　日本的戶外及露營用品相關店鋪真的很多，也是逛起來會失心瘋的等級 XD 如果你問我最推薦逛哪間，我一定會先說「L-Breath」。原因沒有別的，就是因為這家的分店很多，而且都能退稅，不管想買哪種露營戶外用品，都應該先逛 L-Breath，一次買齊順便退稅還可以省一筆。L-Breath 其實是綜合型比較偏生活一點的戶外用品店，所以一般民眾也會逛，不只是戶外運動或是露營愛好者。其實我在開始露營前就很愛逛這家，因為商品數量多、花色選擇多、同品牌同商品的價格比台灣便宜，另外還有 outlet 樓層可以挖寶撿便宜～

商店特色 AWESOME

特色 1 日本戶外運動用品指標性店鋪。

特色 2 各類戶外活動商品和品牌都有。

特色 3 東京都內分店最多，每間都能退稅，還提供信用卡優惠。

OUTDOOR迷 絕對必遊！

推薦店鋪：
關東：新宿店、吉祥寺店
關西：Yodobashi梅田店
九州：博多運河城店

Chapter 6

露營
戶外

SCAN

長期 follow 我的人都知道,我們全家都是 THE NORTH FACE 的超級無敵大粉絲(吶喊)一開始我對這個牌子只有一點點好感還不到瘋狂的地步,但受到我家 B 先生不停洗腦後現在越來越愛,除了買給先生跟兒子,自己也會買來穿。非常喜歡日本 THE NORTH FACE 塑造出的時尚悠閒風格,把戶外商品也做得很時尚,感覺是天天都能使用的商品,就算不運動也適合穿戴,不只不奇怪還非常好看!一分錢一分貨不只是喊口號,品質好的東西就是真的很耐用,雖然他們家的商品價格偏高,但東西耐用加上設計好看,其實 CP 值更高。

商店特色 AWESOME

特色1 休閒生活和戶外活動兼顧的生活風格店。

特色2 販售日本限定的THE NORTH FACE 日本製紫標商品。

特色3 衣物和用品之外,連帳篷也都有, 部分分店還有咖啡廳。

全世界最好 看又有質感

推薦店鋪:

關東:原宿店、二子玉川店、昭島店

關西:THE NORTH FACE堀江店

九州:THE NORTH FACE福岡店

Chapter 6

SCAN

近幾年台灣流行露營,有接觸露營的朋友幾乎都聽過 snow peak 這個日本知名的露營品牌。我們家第一批入手的露營用品就是 snow peak 的商品,我用第一批來形容,是因為除了帳篷之外,桌子、椅子、廚具、天幕……等,我們全部都買 snow peak 的商品來用。Snow peak 的商品品質真的沒話說,雖然我們後來也陸續購入了很多其他品牌,但 snow peak 的商品在我們心中仍占有一席之地!台灣也有 snow peak 的直營店,還沒開始露營但也想接觸的朋友可以去逛逛!下回有機會去日本玩,也別忘了逛逛日本的 snow peak 專賣店,因為有很多限定版或限定色露營用品可以買唷!

商店特色　AWESOME

特色	日本露營品牌的首選推薦。
特色	不只是露營,商品更結合居家生活運用。
特色	加入會員累積點數可兌換有質感的非賣品。

snow peak

推薦店鋪：
關東：昭島店
關西：ALBi大阪店
九州：博多運河城店

Wild-1 是一間比較專業一些的戶外露營用品店,店內販售的品項跟品牌很廣又齊全,會來逛的人大多是戶外生活愛好者,但也會有一般民眾來這裡添購禦寒保暖的衣物,主要有販售登山、露營、滑雪、釣魚、溯溪、高爾夫等相關用品。我最常逛的 WILD-1 是位在台場DECKS 5 樓的分店,這間真的是東京都內很大的 outdoor 專門店,全方位提供戶外活動所有需求,穿的、用的、吃的、耗材等,統統都有,愛好戶外生活的朋友一定要來逛逛～

商店特色 AWESOME

特色1 大型的戶外用品專賣店。

特色2 店鋪通常座落在郊區。

特色3 不是每家都能退稅。

專賣戶外用品推薦!

推薦店鋪:
關東:DECKS台場店(可退稅)
關西:京都寶池店

SCAN

Coleman是世界知名的美國戶外用品品牌,品牌最經典的商品就是「燈」,各式各樣戶外活動需要用的燈都有,最廣為人知的是他們至今仍然每年推出都引起搶購的「年度經典汽化燈」,引起搶購不只是商品本身好用,顏色和外觀設計也非常符合現今大眾喜愛的口味,近幾年推出的粉嫩色系連我都好想買一個來收藏啊～XD 不管在日本或台灣,Coleman的商品幾乎都是寄賣在各地的露營店家或賣場,很少見到直營的專門店,不過前幾年在東京郊區開幕的「昭島MORI PARK Outdoor Village」出現了一間好大的Coleman專賣店,所以一定要推薦大家去逛逛!

商店特色

AWESOME

特色 1 美式風格的露營品牌。

特色 2 露營用品的顏色五彩繽紛。

特色 3 販售外面少見的Coleman T-shirt。

經典美國戶外燈具

推薦店鋪:
關東:昭島MORI PARK Outdoor
　　　　Village店
關西: Rinku Premium Outlets店

Chapter 6

露營
戶外

SCAN

CHUMS是以可愛休閒、時尚潮流為主要風格的一間戶外風格生活用品店,整間店很有美式鄉村風的感覺,逛起來很優閒!而且全日本就只有一間CHUMS直營專賣店,地點就在表參道巷內,店鋪空間很寬敞,商品種類也齊全,很好逛也超好買。我最喜歡來這裡買CHUMS的T-shirt,尤其是小朋友的,尺寸版型和花色設計都好看又齊全,另外像是一些直營店限定的琺瑯杯、收納餐盒等,這些都是其他地方買不到的稀有限定商品喔!一定要到本店逛逛～

66 商店特色 AWESOME

特色1 美式風格但可愛俏皮的露營品牌。

特色2 不只適合戶外活動,一般日常生活穿搭也好看。

特色3 表參道巷弄內的獨棟兩層樓店鋪,逛起來優閒愜意。

可愛又實用的美式風格

推薦店鋪:
關東: 表參道店
其他地區: 可以在戶外用品店購入

　　LOGOS是一個非常強調戶外親子同樂的品牌,所以這裡販售的商品也對小孩很友善,很多品項都有特地為小孩打造的款式,例如:小椅子、小矮桌等等。整個品牌呈現的色調非常繽紛多彩、親切童趣又可愛,幾乎所有小孩看到這牌子的東西都會很喜歡～我每次經過這間店,總是看到日本小朋友把這裡當成玩具店一樣,一進來就黏住,每樣東西都要摸摸、玩玩才肯走。剛開始接觸露營的朋友也很適合參考LOGOS的商品,價格上比較親切無負擔唷!

" 商店特色 　AWESOME

特色1 日系的可愛童趣風格露營品牌。

特色2 有很多小朋友專屬的露營商品。

特色3 主打家庭客群的品牌,售價也比較親切。

家庭露營
品牌首選

推薦店鋪:
關東:東京Lalaport豐洲店
關西:阿倍野Q's Mall店
九州:福岡TORIUS店

Chapter6

Chapter 7

如果你 想要體驗

日本人的 在地生活

類 ╳ 別

- 便利商店
- 超級市場

　日本 7-11 這幾年發展得非常好，不只是日本全國各地店鋪越開越多，在關西地區還合併兩間當地 local 的便利商店，所以現在真的幾乎在日本各地都可以發現到處都是 7-11，想遇到都很難（只有沖繩沒有 7-11）。日本 7-11 除了有獨家限定販售的雪肌粹保養系列之外，也很多大廠牌合作推出聯名限定商品 & 自有商品（冰品、飲料、零食都有），不逛真的對不起自己目前日本 7-11 提供退稅服務的店家很多，如果有大量購物的需求，記得一定要先找到一間認可以退稅的 7-11 再下手唷！（加碼推薦，7-11 的大熱狗非常好吃）。

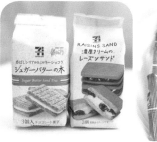

7P 宇治抹茶氷
わらび餅・あんこ添え ¥323（税込¥348）

商店特色 AWESOME

特色 1 有獨家雪肌粹保養系列。

特色 2 非常多好吃的聯名系列自有商品。

特色 3 很多7&i集團的獨賣商品別家買不到。

LAWSON 在日本算是老牌的便利商店，日本全國都可以找得到它的分店，我記得我早期去日本特別愛朝聖 LAWSON 的店鋪（吃不到的最香），超喜歡他們家固定推出的集點換贈品活動，每次都送跟卡通人物聯名的可愛實用小物，每個都讓人忍不住想收集～哈哈。LAWSON 去年率先與 Panasonic 合作推出自動結帳系統，自動打包結帳只要 15 秒，目前只有在大阪店鋪測試中，希望不久後也能在關東或日本其他地區體驗這個自動結帳系統。

商店特色 AWESOME

特色 1 每年固定推出春秋兩季拉拉熊祭。

特色 2 固定有集點送可愛贈品的活動。

特色 3 可以訂購三鷹美術館&
藤子F不二雄美術館門票。

FamilyMart 也是老字號的日系血統便利商店，他們的熟食和自有品牌的餅乾零食都滿好吃，我平常在台灣就很愛買，去日本更是包回來囤。他們家最讓大家喜愛的熟食就是炸雞，不管辣味或原味都好好吃，每次回飯店前都忍不住再去買個一些來當消夜～哈哈。FamilyMart 也會時不時推出可愛卡通人物的聯名商品，前陣子就出了好幾波卡娜赫拉，每次都搶不到，超級熱賣。

商店特色 AWESOME

特色 1 日系血統的老字號日本便利商店。

特色 2 很多獨家甜點和知名品牌合作，非常好吃！

特色 3 推出與大品牌聯名的獨家購物贈品。

MINISTOP 是 AEON 集團底下的便利商店,說真的在東京不太好找,它的分店不像 LAWSON 或 7-11 那麼密集,地點也都不在最熱鬧的地段,不過,它還是有些獨家的專屬特色,例如:店內通常設有座位,強調現買現吃最美味!我個人最喜歡 MINISTOP 的東西就是霜淇淋了,常常都加新鮮水果一起販售,真的非常好吃!並且不定時推出季節限定、期間限定的口味,我只要剛好遇到幾乎都會來一支。

商店特色

 AWESOME

特色 1 日本唯一天天供應美味霜淇淋的連鎖便利商店。

特色 2 自有品牌的拿鐵咖啡種類超多,至少8種選擇。

特色 3 店內座位多,主打現買現吃最美味。

NewDays便利商店在關東一帶比較常見，店鋪幾乎都開在JR車站周邊。因為是屬於車站型的便利商店，所以店鋪面積偏小，商品也以熱門的品項為主。NewDays前陣子最廣為人知的，就是和午後的紅茶聯名推出NewDays限定版迪士尼罐裝玩偶，陸續出過好幾波，每波都引起搶購熱潮～

商店特色 AWESOME

特色1 店鋪大多在車站內或車站外圍。

特色2 販售商品不多，以熱門品項為主。

特色3 不定時也會有獨家送贈品的飲料組合。

SCAN

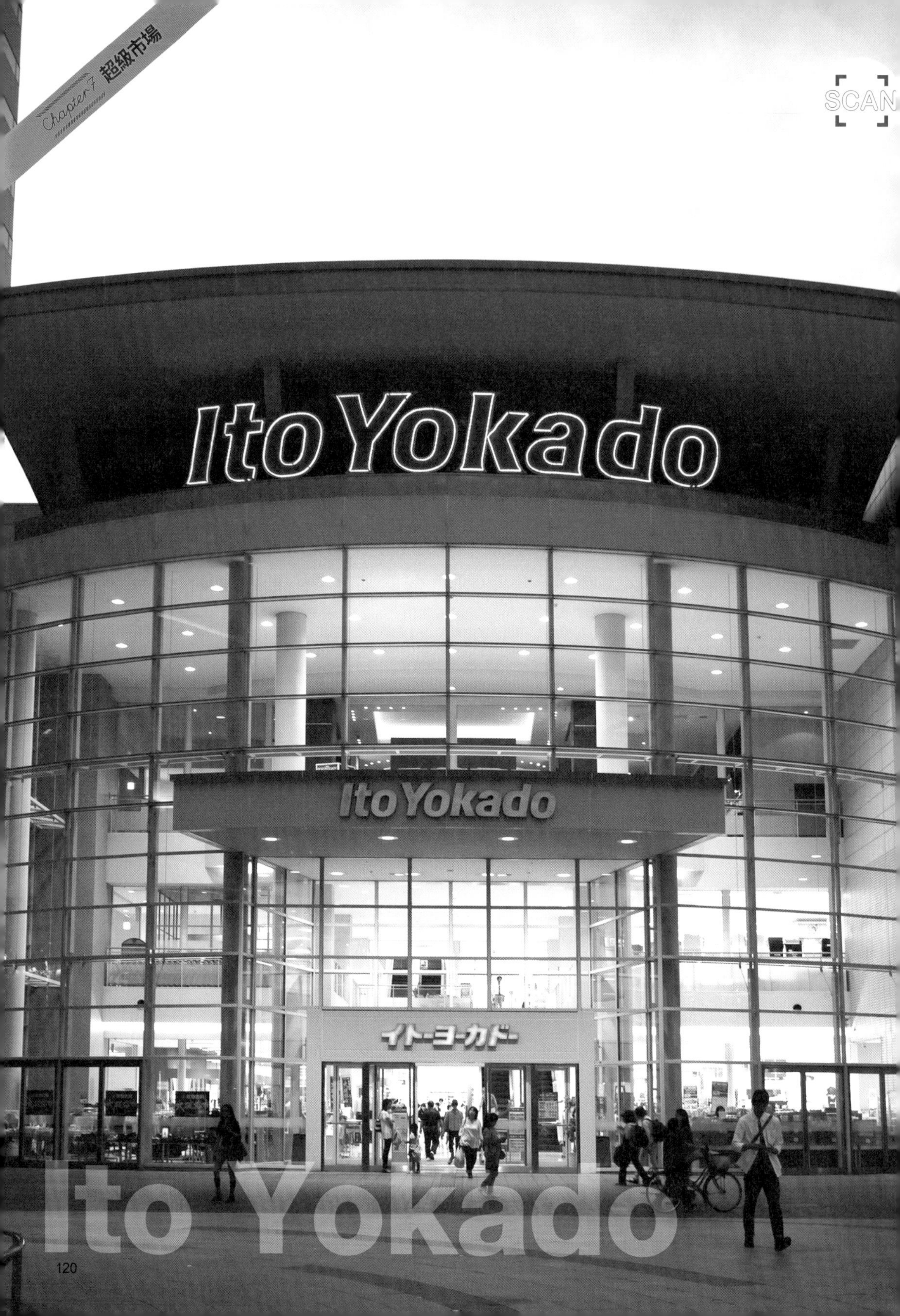

Ito Yokado

　Ito Yokado 絕對是我部落格上、粉絲頁上出現率最高的一間超市,我真的太愛逛這間了,每次都被他們推出的獨家限定商品迷得團團轉,只要走進去就從來沒有空手而歸過!XD 它是日本 7&i 集團旗下的量販零售通路,店鋪主要分布在關東地區居多,我曾經介紹過的 RANDTREE 武藏小杉店、Ario 龜有店等都是在東京一帶;關西地區則是最常分享它們在阿倍野 Q's mall 的分店。

　Ito Yokado 最主要的特色,就是除了一般印象中超市都會有的生鮮食品類之外,還有家居雜貨、藥妝美妝、餐廚用品、男女童裝、可愛小物、文具玩具等等,占地通常都超過 3 個樓層,是屬於大型的生活量販賣場,每次進去大概要花個 2 小時以上才出得來~(不同樓層商品可以分類合併一起退稅) 然後還通常合併有美食街,讓大家逛累了可以吃點東西休息一下,然後再繼續買 XD。Ito Yokado 內的專屬藥妝店「7 美花園」也提供各種類的美妝保養品,開架品牌應有盡有,很值得一逛唷!

　如果你沒有太多時間可以逛街,那我推薦你專攻 Ito Yokado 的食品超市,因為他們時常和許多知名品牌推出獨家的限定商品,像是我之前分享的知名甜點「シューガーバターの木」、高級包「にんべん」、米其林星級拉麵店「蔦」的泡麵等等,這些都是其他地方買不到的商品、限定中的限定,推薦必買!

Chapter 7

商店特色

AWESOME

特色**1** 隸屬7&i集團旗下，所有7&i限定商品這裡都有。

特色**2** 每逢8號的日子，用nanaco卡結帳享95折，還可再退稅。

特色**3** 不只食品類，家用品、日用品、嬰童用品全都有。

獨家販售
7&i限定商品

推薦店鋪：
關東：大井町店
關西：阿倍野Q's Mall店

商店特色　AWESOME

特色1 主打高價位的進口商品。

特色2 店鋪通常位於車站附近,交通方便。

特色3 自有品牌的蛋糕甜點都非常好吃。

　雖然成城石井主打高價位的進口商品所以價格偏貴,但我也是只要一有空就會走進去逛逛,一方面是因為它的店都開在車站周邊,交通非常方便;再加上他們的商品多半是進口的品項,逛久了也能抓到現在日本人愛買的進口商品有哪些,然後跟著他們的腳步買～哈哈!除了進口商品,其他他們自家製的糕點和便當,口味及品質也都在水準之上,滿推薦大家有機會也嘗嘗看。順帶一提,我曾經在成城石井發現過贈送LC鍋造型磁鐵的瓶裝飲料,當時是只在成城石井限定,我分享過後就再也買不到了,連我自己都買不到……

挖寶日本人愛的進口商品

推薦店鋪:
關東:LUMINE新宿店(車站內)
關西:難波CITY店

Chapter 7

超市級場

　maruetsu是一間隱身住宅區內的社區型超市,店鋪走高質感風格,販售商品也是以生鮮食品類為主。平時在鬧區幾乎不會逛到maruetsu的店鋪,逛到大型購物中心也幾乎不會看到它的身影,真的就只有在靠近住宅區的附近才會出現maruetsu,我有好幾次都是剛好經過住宅區才發現它,對觀光客來說不太好找,但其實算是住在都市內的日本人很常下班後順手消費的一間超市。maruetsu在台場海濱公園那一站有分店,我每次去台場都會順便去逛一下。

商店特色　AWESOME

特色1 藏身住宅區內的社區型超市。

特色2 店鋪都屬中小型,同樣以生鮮食品為主。

特色3 店鋪質感不錯,是都市內的日本人常消費的超市。

東京住宅區
社區型超市

推薦店鋪:
關東:台場店

Daiei算是超大型超市,不只吃的用的,還有很多嬰童用品可以買,一般小型超市完全比不上,非常適合喜歡在裡面逛一天、帶小孩也不怕亂跑很危險的爸爸媽媽們。我逛過的Daiei是位於千葉的COLTON PLAZA商場裡這間,裡面生鮮超市的面積非常大,還有幾個知名進口品牌的店中店,逛起來很有趣;而且啊,超市內還規劃了 EAT & DRINK 座位區,讓我們買了熟食就可以馬上坐下來吃,而且還提供兒童座位非常親善。這間超市也可以退稅喔～

商店特色 AWESOME

特色 1 主推親子一起購物的兒童親善超市。

特色 2 規畫座位區方便享用現買的熟食。

特色 3 與歐美超市合作推出專屬的進口冷凍食品。

適合親子的購物超市

推薦店鋪:
關東:COLTON PLAZA店、麻布十番店
關西:泉大津店

Chapter 7

SCAN

SUPERMARKET

商店特色 AWESOME

特色 **1** 都市型的小型超市店鋪。

特色 **2** 以生鮮及食品為主。

特色 **3** 自有品牌商品CP值高。

Life 也是一間我沒事就會繞去逛逛的平價超市，為什麼常去呢？因為它在錦糸町阿卡將都棟的地下一樓就有分店，地點非常方便，順便逛逛一點都不浪費時間！Life 雖然是都市裡的小型超市店鋪，但該有的生鮮、熟食、零食餅乾也統統都有，我很喜歡買 Life 的自有品牌平價餅乾（95 円均一專區），吃起來和其他知名品牌差不多，但價格真的便宜很多，買起來超省，非常推薦喜歡囤零食餅乾的朋友去逛逛！但這間不能退稅唷（要注意）！

主打生鮮食品

推薦店鋪：
關東：錦糸町店
關西：難波店

SCAN

tips

※**前往AEON購物，千萬別忘了先列印95折優惠券喔！**95折優惠券掃QR Code即可獲得：

　　AEON 和 Ito Yokado 屬於相同類型的大型百貨超市店鋪，不過在關東的大型分店比較少，每次都是在關西、九州、沖繩發現超大的 AEON MALL 蹤影。以我之前逛到的 AEON MALL 岡山店為例，進駐的店鋪超過 300 家，幾乎都是台灣人熟悉的品牌，然後還有生鮮超市、美食街、各種餐廳、電影院等等，只花一天根本逛不完（我的經驗是認真逛了兩天才幾乎逛完）。

商店特色  AWESOME

特色 1 關東地區以外常見的大型百貨超市。

特色 2 觀光客有專屬購物優惠95折，隨時都可利用。

特色 3 時常結合眾多店鋪以購物中心形式營運，一逛至少一天。

準備一整天來逛街！

推薦店鋪：

關東：幕張新都心店

關西：大阪巨蛋店

九州：福岡店(同時推薦沖繩新店)

Chapter 7

超市級場

Chapter 8

如果你想 帶著 孩子 舒適的購物

類 X 別 ● 親子

SCAN

推薦店家

アカチャンホンポ(阿卡將)
必逛的母嬰用品店，所有兒童的用品從頭到腳幾乎都有。

mano creare
專賣手作織品跟小物材料的材料行，販售很多小零件、各種材質的零碼布料，喜歡縫紉及DIY的朋友一定不能錯過。

E hyphen world gallery pd
是我這一兩年滿愛的女裝品牌，風格偏年輕，價格滿親切，打折的時候更不用說了，下殺到3折也是常有的事。

Ito Yokado
超好買的超市，必逛推薦。

Ario 是日本大型連鎖購物中心,在關東、海道、關西都有分店。我最常去東京龜有店,要因為逛街逛多了已經逛到不知道要逛什了,只好往周邊的 mall 發展。Ario 龜有的通算方便,搭乘東京地下鐵千代田線往綾的方向,選擇可直通 JR 常磐線的列車,在有站下車走路 5 分鐘就到。提醒有帶小孩的朋友,進入賣場後可以去 1 樓手扶梯旁找看卡通人物的手推車,小孩會很樂,大人很輕鬆(不用提大包小包)。

商店特色 AWESOME

特色1 東京近郊好逛又方便的大型購物中心。

特色2 裡面的專門店都很好逛,Loft、阿卡將都有。

特色3 烏龍派出所在這裡也有駐點唷!

推薦店鋪:
關東:龜有店
關西:八尾店

卡通角色造型手推車

SCAN

　　GRAND TREE 算是近幾年很新的親子購物商場，專為媽媽寶寶打造的購物去處，裡頭除了許多兒童和家庭用品的品牌外，更有很多對小孩友善的設施，例如美食街裡頭設有兒童高度的桌和專用椅、兒童用餐專區等等，所以每次來這逛街都會看到很多媽媽帶著小孩一起。它的地理位置也很方便，從東京市區有直達的電車，下車後步行 5 分鐘以內就可以抵達。既然標榜親子購物中心，兒童遊戲設施的規畫也沒有少，頂樓、戶外、室內都有地方可以放生小孩，讓爸爸顧小孩、媽媽安心逛街（這畫面太美好 XD）。

推薦店家

＊mano creare

這間是我時常分享的好店，裡頭都是賣DIY的材料，推薦喜歡手作的人必逛。

＊Keittio SM2

我很愛逛的品牌，女裝童裝都有，風格、材質跟價格都很合理，每次逛總忍不住帶個幾件回家XD

＊Good day park

是Ito Yokado的服飾配件專區，他們的童裝有些材質還不錯，價格也很親切，推薦媽媽們來逛～

商店特色 AWESOME

特色1 設備最貼心的親子購物商場。

特色2 館內有兒童用餐專區外，樓頂還有遊樂設施和空中花園。

特色3 館內每間廁所都有小朋友專用設計。

Vera最愛 東京親子商場

推薦店鋪：

地址：神奈川縣川崎市中原區
　　　新丸子東3丁目1135番地1號

電話：044-411-7111

Chapter 8

親子

SCAN

最近很喜歡從東京市中心往外圍的 shopping mall 跑，其實大型的購物中心真的很讚，行在一個地方慢慢逛，什麼都有得買，也不怕風吹雨打、日曬雨淋，裡頭還有各式各樣的餐廳跟美食街，可以滿足一整天逛街的需求。LAZONA 位在品川往橫濱的方向上，跟 JR 川崎站直通佔地很大真的可以逛整整一天（甚至兩天），裡面還有 Bic Camera 可以把男友或老公寄放在那 XD

商店特色 AWESOME

特色 1 距離羽田機場最近的大型購物中心。

特色 2 服飾、嬰童、家用品、家電賣場統統有。

特色 3 不只是逛一整天，來這可以逛兩個整天。

推薦店家

☀ アカチャンホンポ（阿卡將）

必逛的母嬰用品店，所有兒童的用品從頭到腳幾乎都有。

☀ The North Face plus

這間店有販售日本限定的紫標商品，一般的店鋪比較少有。

☀ sanwa

以食品為主的超市，非常好逛，必逛推薦！

川崎最好逛
購物中心

推薦店鋪：

地址：神奈川縣川崎市幸區
　　　堀川町72-1

電話：044-874-8000

　台灣的媽媽族群中,流傳最廣也最紅的日系嬰童用品賣場就是阿卡將,只要是曾經想要前往日本購買嬰童用品並有做功課的人,應該都對這名字不陌生!阿卡將其實就是一個專賣嬰幼童用品的大型店鋪,內部販售所有與媽媽寶寶相關的一切商品,從媽媽懷孕需要的孕婦內睡衣托腹帶到產後必備的哺乳內衣,以及寶寶從出生到3、4歲左右的育兒用品統統有,大到嬰兒推車、搖床、餐椅,小到紗布衣、小手帕,還有非常多副食品、大小玩具、幼兒鞋襪、帽子雨傘等數不完的相關用品,在這裡全部都有得買!至於商品品質方面,因為阿卡將內許多用品都是知名嬰童品牌的商品,所以品質都很良好,其他由阿卡將自行開發生產的用具及衣服也都在水準之上,推薦媽媽們必逛。

商店特色 AWESOME

特色1	店鋪空間大又明亮的嬰童用品專賣店。
特色2	衣物、玩具之外,連媽媽孕期的用品都一應俱全。
特色3	多數分店都有退稅服務。

アカチャンホンポ（阿卡將）

推薦店鋪：

關東：錦糸町店、武藏小杉Grand tree店

關西：阿倍野Q's mall店、本町店

九州：福岡AEON MARINA TOWN店

全日本
最有名NO.1

Chapter 8

親子

大名鼎鼎的「玩具反斗城」台灣也逛得到，但它的同門姊妹店「BABiESRUS（寶寶反斗城）」，我們如果想朝聖的話，就要到日本去逛了。BABiESRUS 顧名思義就是一間販售嬰童用品的專屬賣場，本質上與「阿卡將」及「西松屋」類似，但 BABiESRUS 除了一些寶寶用品外，還販售很多大型的玩樂設施、戶外活動用品等，雖然說大型的東西很難運送回來，但我身邊還真的有朋友曾經在這買了超大的麵包超人溜滑梯，然後坐飛機一起托運回來！所以，想買這類大型商品的爸媽們，就請往 BABiESRUS 去吧！

商店特色 AWESOME

特色1 玩具種類最多最齊全。

特色2 非常多價格親切的自有品牌商品。

特色3 玩具類型從小到大都有。

日本平價玩具首選！

推薦店鋪：
關東：台場AQUA CITY店
關西：難波WALKS店
九州：福岡糟屋AEON MALL店

SCAN

　有興趣對日本嬰童用品賣場多了解一點的話,通常在認識了「阿卡將」之後,第二個聽到的名號就會是「西松屋」!西松屋是日本的老字號嬰童用品專賣店,主打商品豐富多元並且價格親切好入手,因為店鋪空間較大,所以多位在郊區,交通上不算太方便。不過,離開關東地區的話,反而比較好找到西松屋,在關西、九州甚至是沖繩一帶,西松屋的店鋪都比較多。

" 商店特色 AWESOME

特色 1 日本知名的老字號平價嬰童用品專賣店。

特色 2 各式各樣的嬰童商品都有。

特色 3 價格超級無敵親切,
打折時更是下殺到2折。

679円

老字號
價格最親切

推薦店鋪:
關東:台場DECKS店
關西:大阪FOLEO店
九州:博多COMMERCIAL MALL店

Chapter 8

親子

Chapter 9

如果你 喜歡

烘焙或 手作

類╳別 ● 烘焙手作

ユザワヤ

YUZAWAYA

　不要想說對手作沒興趣就放棄逛手作材料店，其實日本的手作材料店也是我的挖寶店之一，裡頭不只有線、布、針、釦等，還有很多半成品或現成品是買來簡單處理一下就可以用的喔！Yuzawaya 據說是日本最大的手作材料店鋪，是日本女性挑選手作 DIY 材料的首選通路，這裡提供的布材選擇很多，需要剪大塊的布料可以直接跟店員說，不過，我最常挖寶的則是零碼布，別小看這些零碼布，很多都可以直接當桌巾、餐墊，其中還有很多是防水材質呢！

商店特色 AWESOME

特色1 日本手作材料首選店鋪。

特色2 有非常多世界知名品牌的布料可挑選。

特色3 各式手作材料應有盡有，還有適合新手的懶人包。

手作迷 日本必遊！

推薦店鋪：
關東：丸井錦糸町店、御徒町吉池店
關西：梅田阪急三番街店、なんばCITY店
九州：福岡mina天神店

Chapter 9

mano creare 也是一間我時常逛到、也時常跟大家分享的好店,它是一間專賣手作織品跟小物材料的材料行,販售很多手作的小用具、各種材質和花色的布料等等,整體風格比較年輕有活力,商品顏色也都更繽紛亮麗～ 這間店都開在關東地區,而且通常座落在購物中心裡頭,佔地面積和大型服飾店差不多,但因為販售的商品都小小的,所以認真逛起來的話也需要不少時間,不過非常適合喜歡手作跟 DIY 的朋友來這裡好好挖寶一番。

商店特色 *AWESOME*

特色1 風格時尚的手作材料專門店。

特色2 布料色彩繽紛、可愛又帶點童趣。

特色3 店鋪通常藏身在購物中心內。

關東獨有
時尚手作店

推薦店鋪:
關東:Ario亀有店、
　　GRAND TREE武藏小杉店

Tokai 是一間以手作織品為主的材料行，店鋪通常小小一間，隱身在百貨公司或商場裡頭，販售的商品也不多，比較像是居家周邊方便隨時補貨的手作材料店。不過，他們家時常有看到折扣、零碼布、零散用品，價格通常很親切，也滿適合喜歡到小店挖寶的手作愛好者來逛逛！

商店特色 AWESOME

特色 1 小型手作材料行。

特色 2 店鋪風格和商品價格都很親切。

特色 3 時常有折扣可以便宜買。

價格親切
折扣多！

推薦店鋪：
關東：錦糸町店
關西：天滿橋店
九州：博多巴士總站店

Chapter 9

SCAN

如果你是喜歡手作烘焙的人,強烈推薦你除了到日本超市挖寶之外,也千萬別錯過Tomiz富澤商店。富澤商店是我很愛逛的一間食品材料行,販售的食品材料以西點及甜食為主,舉凡跟麵包、蛋糕、派等有關的製作工具或材料,你一定可以在這買到。不要看他們的店面裝潢很新,富澤商店其實是一間創業將近百年的老店,全日本總共有50家左右的分店,是一間口碑很好、也很專業的西點材料店鋪。我要推薦他們家的必買三寶:各式麵粉、和菓子材料包、鹽漬櫻花,他們的麵粉種類多、品質也很優,拿來做各式麵包都很讚,鹽漬櫻花更是這幾年台灣人熱愛搬貨的商品,做甜點的時候只要點綴幾朵,整個日式和風的感覺都來了,自己作的就像買的一樣賞心悅目!

❝ 商店特色 AWESOME

特色1 日本老字號食品材料行。

特色2 販售的食品材料以糕點類最為知名。

特色3 各種西點料理懶人包都能在這買到。

創業百年
烘焙老店

推薦店鋪:
關東:新宿高島屋店、川崎LAZONA店
關西:大阪高島屋店、大丸梅田店
九州:AMU PLAZA博多店、福岡岩田屋

SCAN

　另一家我常去挖寶的日本食品材料行就是久世福商店！這間店其實跟Tomiz富澤商店算是同類型的店鋪，但是販售的商品截然不同，久世福商店以和食及日式料理食品材料為主軸，像是高湯包、醬料、漬物、調味料等，都可以在這裡一次買齊。這間從昭和時代就創立的店鋪，經營至今一直堅守初衷，只賣好的食材給消費者，而他們家必買三寶就是：高湯包、各種醬料跟手工果醬，我吃過果醬真的不錯吃，口味天然沒有人工香料的味道，大推！

商店特色　AWESOME

特色 1 以鹹食為主的日本老字號食品材料行。

特色 2 販售的食品材料以日本和食料理為主。

特色 3 眾人首推的「高湯包」絕對必買！

必買手工果醬 高湯包

推薦店鋪：

關東：東京晴空塔店

關西：難波PARKS店

九州：AEON MALL福岡店

Chapter 9

烘手焙作

淺田飴喉糖（經典款藍色包裝）

規格：50 錠
售價：日幣 ¥615 左右

使用心得

我最喜歡買日本的喉糖來吃了～

不過，買來買去，會讓我持續回購的只〔有〕「淺田飴」。

「淺田飴」最經典的藍色罐裝綠色喉糖，〔主〕要成分都是藥用植物萃取，吃起來清涼感〔適〕中，喉嚨不舒服時我就會吃，很快就可以緩喉嚨不適。

外層的糖衣是用於「隔離濕氣、陽光和〔空〕氣，確保有效成分品質穩定」而必須外加〔的〕一層保護～ 甜度我覺得控制得剛好，淡淡〔甜〕味、很好入口！日本藥妝店內的幾十種喉糖〔，〕我只會回購這一款，也推薦給你們！

推薦重點

特色1 90年歷史以上老品牌。

特色2 糖衣獨特作用，良藥不苦口。

特色3 主要成分為藥用植物萃取。

哪裡買？ 日本各大藥妝店皆有販售。

Vera 的 私房回購清單

規格：19 克
售價：日幣 ¥1200

使用心得

　　日本藥妝店的開架眼影中，我最常回購的就是這款「excel 絲滑三色眼影」。在日本女生心中，excel 就是平價版的 Lunasol，它既簡單又便宜好用，所以很多人推薦！雖然只有三色，但各色都百搭，單擦或搭配著擦，甚至是配合其他家眼影一起用都很好用！這款眼影因為成分裡有配合獨特油質，所以質地非常柔滑，上妝起來延展性很好，而且超級服貼，完全不掉粉！帶著淡淡的細緻珠光，看起來很有立體感，閃閃發亮～

推薦重點　AWESOME

特色1 粉質細柔並含獨特油質，上起來有絲滑觸感且服貼。

特色2 顯色度高，經典三色，百搭各種妝容。

特色3 細緻珠光，閃閃發亮點綴眼妝，並打造立體感。

哪裡買？ 日本各大藥妝店、美妝店皆有販售。

D-up雙面型埋沒式雙眼皮貼（透明款）

規格：120 枚
售價：日幣 ¥1000

> **推薦重點** AWESOME

特色 1 雙面黏貼型，埋沒的方式看不到膠帶。

特色 2 超強黏性可維持一整天不是問題。

特色 3 強力防水防汗。

使用心得

　　身為一個從小就是內雙的女生，如何利用工具貼出雙眼皮，是我長期鑽研的課題。還好我跟我的命定物很早就遇見，所以才能幫我介紹日本美妝品這麼久～這款 D-up 的雙面型埋沒式雙眼皮貼可以說是我的閨蜜了，也是我在藥妝店回購最多次、最多個的商品，算起來我可能買過 50 盒吧～ XD 我覺得這款雙眼皮貼用起來很自然，而且閉眼的時候是看不到膠帶的，只會有一條淡淡的線……持久度也很不錯，以我的經驗幾乎都可以撐上 6-8 小時沒問題唷！

哪裡買？ 日本各大藥妝店、美妝店皆有販售。

Vera 的 私房回購清單

BROWN SUGAR 1ST. 有機初榨椰子油

規格：16 包

售價：日幣 ¥994 含稅

使用心得

說真的，我沒有天生很愛吃油，但這幾年，為了健康我從逼自己吃，到現在會號召大家一起吃，因為天然的好油吃了真的對身體好，不要怕吃油，只要怕吃到不好的油。油脂是我們人體需要的元素之一，所以一定要學會讓自己吃好油！這款椰子油是我目前找到很值得推薦的一個，大家如果不是很常外出，也不一定要買單包裝，買大罐裝放家裡、放公司也都可以，但如果你跟我一樣常常出國出差，那我就很推薦你買這個單包裝。吃的方式很簡單，加在熱飲裡面就可以，椰子油不怕熱，也可以拿來炒菜，但不建議加在冷飲，因為天然油質遇冷就會凝固，油的東西一結塊就很可怕，建議大家不要輕易嘗試～哈哈！

推薦重點 AWESOME

特色 **1** 椰子油是天然油質，對身體比較好。

特色 **2** 單包裝攜帶外出很方便，不怕接觸空氣也不沾手。

特色 **3** 一般都只有罐裝，單包裝非常難找。

哪裡買？ 日本部分美妝店有販售，Cosme Kitchen、PLAZA……等。

Chapter 10

雪印特濃鮮奶

規格：500ml
售價：日幣 ¥150

濃くて
おいしい

使用心得

我超級愛喝鮮奶，從小到大都是，市面上有賣的鮮奶我應該都有買來喝過。

日本的乳製品都很好吃、好喝，所以鮮奶當然也不能放過！我在日本喝鮮奶的頻率已經快要到了當水喝的程度 XD 因為便宜又好喝，加上可選擇的品牌非常多，從北海道到九州，各地都有很美味的鮮奶，對於乳製品愛好者來說，在日本品嘗鮮奶，真的是非常美好的一件事！在喝過這麼多日本各地的鮮奶之後，我最愛的就是這款「雪印特濃」真的又濃又好喝，喝過的都說讚！大推～

推薦重點 AWESOME

特色 1 香濃好喝。

特色 2 沒有牛味和怪味。

哪裡買？ 日本部分大型超市有販售，Life、Ito Yokado 都有。

Vera 的 私房回購清單

使用心得

自從開始很注重健康之後，我現在真的非常少吃泡麵，能不吃就不吃。

但是！日本仍然有一款泡麵會讓我時不時就情不自禁想起它、想吃它 XD

它就是日清 CUP NOODLES 泰式酸辣杯麵！這是日清這一兩年把世界各地推出的口味集合在日本也上市販售後，唯一一款存活最久，已經變成固定販售的商品之一。既然也在日本賣這麼好，當然是好吃沒話說，而且味道真的夠道地，顛覆日本泡麵都假辣的形象，這款真的給你辣個過癮，想到那個辣味我就口水猛分泌，愛吃泰式酸辣的人一定要嘗嘗看這款杯麵，絕對不會後悔！

推薦重點 AWESOME

特色 1 味道純正，真的有辣！

特色 2 有酸辣包，可以增加酸辣口感。

特色 3 香茅清香聞起來非常開胃。

哪裡買？ 日本各大便利商店、超市有販售，可以去泡麵區找找。

DHC 純欖護唇膏

規格：1.5 克
售價：日幣 ¥700

 推薦重點 AWESOME

特色 **1** 使用天然成分，含有天然橄欖油及維他命E。

特色 **2** 妝前妝後皆可使用，可維持唇部整天滋潤。

特色 **3** 不定期推出超級可愛限定包裝，既好用又可愛。

 使用心得

　　DHC 的純欖護唇膏是他們家經典品項之一，也是我回購率最高的唇部保養品，從以前到現在不知道有沒有買了 20 支，而且每一支都是用到見底～經典的商品會受歡迎一定有它的原因，這款護唇膏真的滋潤度極讚，無色無味，就只有滿滿的保濕潤澤感而已！價格部分也是超親切，完全可以買超多支囤著，家裡、公司、包包內各一支都沒問題，重點來了，DHC 純欖護唇膏從兩年前開始跟可愛的卡通人物聯名，把包裝都印上滿滿的可愛樣式，讓人不買都不行 XD

哪裡買？ 日本 DHC 網站 直營店、日本部分藥妝店及美妝店皆有。

Vera 的 私房回購清單

JOURMOE 三合一眼彩筆

規格：4 色 限定色
售價：日幣 ¥1200

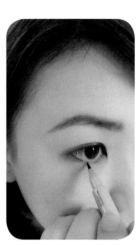

使用心得

現代人生活忙碌，什麼東西都要追求簡單方便，不只保養品走向功能多合一，現在很多彩妝品也是用一個抵三樣，講求給你快速方便又絕對好用！這支 JOURMOE 三合一眼彩筆就是我今年最愛用的便利型美妝好物～ 而且你不要想說這麼方便一定不好用，相反的，這支眼妝筆的各個功能都表現得出乎我的預期，眼線液筆柔軟好畫又持久不暈、眼線筆顯色均勻又防水抗油、眼影粉更是上起來自然又放大眼睛、加倍深邃。以一支方便攜帶外出的眼彩筆來說，這支真的非常夠用，而且價格經濟實惠，絕對是外出開會、出差出國的好朋友！

推薦重點 AWESOME

特色 **1** 簡單方便，三種眼妝效果一支搞定！

特色 **2** 顏色選擇多，各種筆頭都好畫好上手。

特色 **3** 眼線 眼影，輕鬆打造深邃眼妝。

哪裡買？ 日本部分藥妝店及美妝店皆有。

第一三共口內炎貼

規格：12 枚
售價：日幣 ¥1200

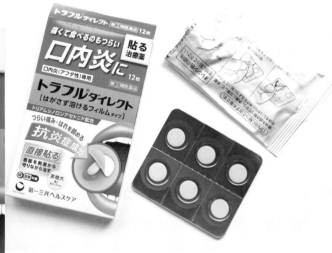

推薦重點 AWESOME

特色 **1** 藥效吸收後會溶解，不需再另外取出。

特色 **2** 保護傷口同時對應發炎症狀，貼上再吃東西就不痛。

特色 **3** 口腔黏膜和舌頭都可以貼。

使用心得

　　口內炎貼這商品是我早期剛開始迷戀日本藥妝時很常回購的品項，因為以前年輕很容易火氣大，可能作息不正常又愛吃辣，嘴破常常找上我。但以前的口內炎貼比較不方便，貼上後都要記得再取出，不然會不小心吃下去。現在第一三共推出的這款可溶解口內炎貼就超貼心，貼上後不用再管它，貼著去睡覺完全沒問題！現在我都改囤這一款，雖然嘴破情況不像以前那麼嚴重，但我一定都會買著放家裡備用，超級推薦！很容易嘴破舌破的朋友一定要試試看～

哪裡買？ 日本各大藥妝店皆有販售。

Vera 的 私房回購清單

NICHIBAN 溫灸小圓貼

規格：156 枚
售價：日幣 ¥580 左右

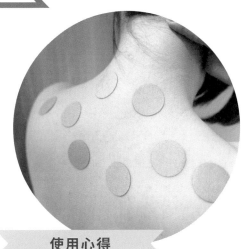

使用心得

　　這款大名鼎鼎的溫灸小圓貼，是我家長輩長期愛用且持續回購的藥妝商品！

　　以前我都是幫爸爸媽媽、爺爺奶奶買，後來發現日本女生推薦的獨特用途之後，現在連我自己都超愛囤貨。日本人推薦的獨特用途是把這款小圓貼拿來貼在「腳底」，據說就像腳底按摩可以讓對應的部位舒緩一樣，貼上小圓貼也可以幫助各部位改善不適，同時增進血液循環，如果剛好是冬天的話，溫熱感也可以幫助改善手腳冰冷唷！也有日本女生分享貼腳底某些穴位可以幫助瘦身，但這一點我就無法肯定告訴你們是不是真的，有興趣多了解的話可以上網 google 一下！哈哈。

❝ 推薦重點　AWESOME

特色 1 溫感小圓貼，可針對穴位貼附使用。

特色 2 有分大小片，另外也有涼感小圓貼。

特色 3 貼在腳底可以促進血液循環，讓手腳較不冰冷。

哪裡買？ 日本各大藥妝店皆有販售。

作　　　者／VERA
美術設計／張威儀

總　編　輯／賈俊國
副總編輯／蘇士尹
編　　　輯／高懿萩
行銷企畫／張莉滎‧廖可筠‧蕭羽猜

發　行　人／何飛鵬
法律顧問／元禾法律事務所王子文律師
出　　　版／布克文化出版事業部
　　　　　　台北市中山區民生東路二段 141 號 8 樓
　　　　　　電話:(02)2500-7008　傳真:(02)2502-7676
　　　　　　Email:sbooker.service@cite.com.tw
發　　　行／英屬蓋曼群島商家庭傳媒股份有限公司城邦分公司
　　　　　　台北市中山區民生東路二段 141 號 2 樓
　　　　　　書虫客服服務專線:(02)2500-7718;2500-7719
　　　　　　24 小時傳真專線:(02)2500-1990;2500-1991
　　　　　　劃撥帳號:19863813;戶名:書虫股份有限公司
　　　　　　讀者服務信箱:service@readingclub.com.tw
香港發行所／城邦(香港)出版集團有限公司
　　　　　　香港灣仔駱克道 193 號東超商業中心 1 樓
　　　　　　電話:+852-2508-6231　　傳真:+852-2578-9337
　　　　　　Email:hkcite@biznetvigator.com
馬新發行所／城邦(馬新)出版集團 Cité (M) Sdn. Bhd.
　　　　　　41, Jalan Radin Anum, Bandar Baru Sri Petaling,
　　　　　　57000 Kuala Lumpur, Malaysia
　　　　　　電話:+603- 9057-8822　傳真:+603- 9057-6622
　　　　　　Email:cite@cite.com.my
印　　　刷／韋懋實業有限公司
初　　　版／2017 年(民 106)12 月
售　　　價／380 元

SWEETS-SWEETS
TOKYO

奢侈地享用妳的甜美
像是精緻甜點般的彩妝

New
美容液成分
80%
配合

SPF40 PA+++

清新透亮
疊擦不厚重

肌膚長時間維持水潤光澤
方便攜帶的水潤液態粉底
✦ 棉花糖無瑕氣墊粉餅 共2色

唇頰2用
速效完妝
✦ 玩色水潤唇頰釉
共2色

打造微醺
迷人雙眸
✦ 氣泡香檳眼影蜜
共9色

依唇部含水量
反應不同粉色
✦ 玩色果漿美唇蜜
共3色

台灣總代理 千康有限公司
服務電話：(02) 2375-8177

販售地點請參考官網 | www.sweets-sweets.com.tw
加入粉絲團抽獎得好禮 | 👍 f SWEETSSWEETStw 🔍

亞洲直達便

哈日、追韓、遊澳、玩泰 16個航點輕鬆飛！

東京（成田/羽田）

函館 仙台

小松 旭川

大阪 名古屋

濟州島

岡山 福岡 沖繩

釜山

tigerair
台灣虎航

OSAKA
ARRIVAL

Bangkok
02 DECEMBER 2017

대구광역시
06.06.2017

大邱

澳門

曼谷（廊曼）

www.tigerairtw.com

294倍激彈！
美肌起死回胜

294
Super
collagen
Supreme

DHC

只有世界首創二胜肽-8～敢說294倍！
DHC超級胜肽系列，銀河系第一款超微膠原蛋白，
滲透力直達肌底，膠原回彈294倍。
以保養界奧斯卡(IFSCC)，贏得美麗最高肌賞！